2017年中国纺织服装品牌发展报告

《中国纺织服装品牌发展报告》编委会　编著

Annual Report on Brand Development of Chinese Textile & Apparel Industries(2017)

国家一级出版社　中国纺织出版社　全国百佳图书出版单位

内 容 提 要

《2017年中国纺织服装品牌发展报告》是中国工业和信息化部、中国纺织工业联合会连续第六年共同编撰发布的“行业品牌发展报告”。本报告是在大量专业资料研究、行业专家智慧聚集、100多家品牌企业数据调查分析和广泛调研走访的基础上编撰而成的，共分综述篇、专题篇和附录三个部分。综述篇总体梳理了2017年我国纺织服装品牌发展现状和特点、面临的问题与挑战和下一步发展方向与重点；专题篇聚焦链式创新和创意集聚两个话题，分别介绍了供应链创新和社会责任发展以及创意园区建设情况，并就典型案例进行深度分析。

《2017年中国纺织服装品牌发展报告》旨在通过梳理中国纺织服装及重点专业领域自主品牌建设的新情况、新特点，深入分析行业品牌建设面临的问题与挑战，系统研究当前行业品牌发展的重点和热点，展望未来发展趋势，提出下一步工作方案与重点，引导和推动中国纺织服装全行业品牌建设。本书脉络清晰、内容翔实、表述客观、导向性强，可作为政府、行业协会、相关品牌企业的工作参考用书，也可供研究机构、专业院校、社会人士阅读借鉴。

图书在版编目(CIP)数据

2017年中国纺织服装品牌发展报告/《中国纺织服装品牌发展报告》编委会编著. --北京：中国纺织出版社，2017.12

ISBN 978-7-5180-4413-9

Ⅰ.①2… Ⅱ.①中… Ⅲ.①纺织工业—品牌战略—研究报告—中国—2017 ②服装工业—品牌战略—研究报告—中国—2017 Ⅳ.①F426.81

中国版本图书馆CIP数据核字（2017）第297690号

策划编辑：张晓芳　　责任编辑：张晓芳　朱冠霖
责任校对：寇晨晨　　责任设计：何　建　　责任印制：何　建

中国纺织出版社出版发行
地址：北京市朝阳区百子湾东里A407号楼　邮政编码：100124
销售电话：010—67004422　传真：010—87155801
http://www.c-textilep.com
E-mail:faxing@c-textilep.com
中国纺织出版社天猫旗舰店
官方微博http://weibo.com/2119887771
北京市雅迪彩色印刷有限公司印刷　各地新华书店经销
2017年12月第1版第1次印刷
开本：889×1194　1/16　印张：9.5
字数：228千字　定价：198.00元

凡购本书，如有缺页、倒页、脱页，由本社图书营销中心调换

《2017年中国纺织服装品牌发展报告》

编委会

顾　　问： 王天凯　张　莉

主　　任： 孙瑞哲　高延敏

副 主 任： 陈大鹏　杨兆华　曹学军　沙南生

委　　员（按姓氏笔画排序）：

王玉萍　朱晓红　华　珊　刘　焱　李海燕　李斌红　杨金纯　林云峰
屈　飞　钱有清　钱　晋　郭宏钧　黄先琼　黄　萍　曹庭瑞　阎　岩
董奎勇　瞿　静

编写组

组　　长： 杨兆华

副 组 长： 曹庭瑞　屈　飞

责任编辑： 惠露露　刘正源

成　　员（按姓氏笔画排序）：

王月卫　王贵宝　冯阳阳　安　平　刘　嘉　阮　航　杜岩冰　李伟瑜
李淑丽　李雪菲　吴俊贤　邱成奎　沈　宇　张宏勋　张珊珊　张　娟
陈小倩　邵　丽　纵瑞龙　季　明　郑　武　郑　杰　赵文佳　徐长杰
徐　舒

序

纺织服装行业作为链接传统与时尚、融合艺术与科技的重要产业，在品牌建设方面一直走在中国国民经济体系的前列。在过去一年里，行业自主品牌持续成长，新生力量逐步崛起，文化软实力不断提升，行业企业积极创新运营模式、主动探索智能交互、高度重视消费体验、深入践行社会责任，在转变发展方式、优化经营结构、转换增长动力方面进行了丰富尝试，形成了丰硕成果。

党的十九大报告指出，当前中国社会主要矛盾已经转化为人民日益增长的美好生活需要和不平衡不充分的发展之间的矛盾。在纺织强国建设的冲刺阶段，中国纺织行业的发展正经历从高速增长向高质量发展的过渡。面对这个关系全局的历史性变化，纺织服装品牌建设的重要地位更加凸显。从“三品”战略深入实施，到“中国品牌日”正式设立，纺织服装行业的品牌工作正受到更高层次、更大范围的关注。纺织服装品牌建设无疑已成为新时代中国强国建设的关键抓手和重要途径。

为全面梳理纺织服装品牌建设的新动向、新成就，准确把握行业发展的新特点、新趋势，工业和信息化部、中国纺织工业联合会已经连续六年共同编撰“行业品牌发展报告”。《2017年中国纺织服装品牌发展报告》在延续之前研究的基础上，与时俱进，不断创新，从全局出发把握全年行业品牌建设脉搏。内容主要聚焦供应链创新、创意集聚两大关键领域，突出了对重点专题的多角度研究，强化了对典型案例的深度剖析。

习近平总书记在十九大报告中强调：“文化自信是一个国家、一个民族发展中更基本、更深沉、更持久的力量。”品牌建设正是文化自信在行业工作和企业经营中的集中体现。希望本报告内容能够在行业内引发思考、启迪智慧、激发共识，为新时代中国纺织服装行业发展和品牌建设提供参照并助力。

中国纺织工业联合会　会长

2017年11月

目　录

综述篇

综述篇

2017年，是“十三五”规划的深化之年，中国纺织服装品牌企业在国家一系列方针政策指导下，深入实践科学发展观，积极应对复杂变化的国内外形势，实现了良好的发展。品牌建设持续推进，品牌效益稳步增长，品牌创新不断增强，品牌国际竞争力进一步提高。

一、中国纺织服装品牌建设整体发展情况

2017年，中国经济处于L型的发展态势，创新驱动成为中国纺织服装品牌全年发展的主基调，整体核心竞争力不断增强，品牌产品市场占有率不断提升。通过整合资本、创意、传播、营销等关联资源，品牌系统创新有序推进，品牌文化逐步增强，品牌内涵不断充实，品牌运行质量不断提高，品牌贡献率大幅提升。自主品牌不断创新变革，新生品牌不断崛起，制造品牌价值更加凸显，文化品牌展露风采，区域品牌突破发展。中国纺织服装品牌建设进一步向时尚化、多元化、国际化、资本化转变。

（一）整体内核不断增强

产业链条不断优化。品牌市场细分化、差异化、专业化发展已成行业共识。品牌企业通过优化渠道布局、变革终端形态、改善消费体验，深度挖掘品牌市场效益。同时，品牌企业充分发挥互联网作用，创新渠道模式，重塑消费链接关系。品牌企业加强内部运营体系建设，通过信息技术的应用，优化供应链网络、组织结构以及生产流程，系统提升了市场快速反应能力。服务体系、服务标准的大力重构与完善，使得品牌发展正向全程化服务方向转变。

协同效应更加明显。中国纺织服装品牌国际化发展积极探索，全球资源配置能力显著提高，分工协作不断深化，形成了大品牌做强、做优，中小品牌做专、做精、做特的品牌生态，品牌格局呈现出哑铃型态势。品牌文化创意日趋活跃，现代服务意识日益增强。同时，品牌集成创新体系日趋完善，跨行业、跨区域、跨领域的协同创新更加紧密，品牌上下游融合发展加速。

产品创新能力加强。品牌企业根据消费需求变化，从科技创新、产品创新、设计创新、管理创新、服务创新等多方面着力提高品牌和产品对市场的适应性，积极从时尚美学、服用功能、生态环保、自然健康等方面满足消费新需求，产品结构得到进一步优化。以市场为导向的产品开发体系建立健全，通过对技术、设计、市场、营销等方面的系统管理，显著提升了企业准确、

快速、高质量开发新产品的能力。在2017年服装家纺自主品牌调查中（简称2017年品牌调查），122家数据有效样本企业中，2016年新品（款式）销售收入同比增加7.13%。

高新技术广泛应用。品牌企业科技创新意识明显增强，以新技术、新工艺、新材料为代表的科技创新行动表现活跃，品牌科技创新体系不断完善，科技创新能力和水平显著提升，“两化”融合水平进一步提高。在2017年品牌调查中，上半年147家样本企业中，有83家拥有省级以上自有研发机构；93家企业在国内有共计263家合作研发机构，比上年增长8.68%；28家企业拥有国外合作研发机构共计70家，比上年增长2.94%。高新技术在行业的广泛应用，有效提升了企业的生产效率、管理效率和快速反应能力。

跨国运营实现突破。在全球化的视野中，品牌企业积极嫁接国际优质资源。2016年10月，山东如意集团以14.5亿美元收购法国轻奢品牌SMCP多数股权。2017年8月，七匹狼集团拟3.2亿元收购卡尔·拉格菲尔德（Karl Lagerfeld）品牌中国运营权，进军时尚轻奢市场。歌力思收购Laurel、IRO、EdHardy，维格娜丝收购小熊维尼，珂莱蒂尔（Koradior）收购卡迪黛尔（CADIDL）。罗莱生活旗下南通大信家居产业基金收购美国LEXINGTON公司100%股份，进入家具领域，助力公司打造家居生活一站式品牌零售商的战略发展目标。2017年3月底，波司登控股斥资6.6亿元收购拥有女装品牌“柯利亚诺”和“柯罗芭”的欣悦服装有限公司股份，大力发展女装业务。

（二）市场表现稳定向好

市场销售增速趋缓。据国家统计局数据，2017年1~9月，我国纺织服装、服饰业规模以上（简称规上）企业主营业务收入17678.8亿元，同比增长5.8%，利润总额990.4亿元，同比增长11.4%；1~9月全国网上零售额48787亿元，同比增长34.2%，其中，实物商品网上零售额36826亿元，增长29.1%，在实物商品网上零售额中穿类商品增长19.2%，较2016年全年提升1.1个百分点。同时，据中华全国商业信息中心数据，2016年全国重点大型零售企业服装类商品零售额同比下降1.23%；各类服装零售量同比下降0.9%；针纺织品零售额同比下降6.1%，降幅同比收窄2个百分点；床上用品零售额同比下降3.4%，降幅同比收窄7.4个百分点。

消费价格有所回落。国家统计局的数据显示，2016年全国服装类商品零售价格同比上涨1.3%，较2015年回落1.5个百分点；2016年衣着类居民消费价格同比上涨1.4%，其中，服装价格上涨1.4%，衣着加工服务费上涨4%，鞋类价格上涨1.4%；2016年衣着类生产者出厂价格同比上涨0.9%，较2015年提高0.2个百分点。据中华全国商业信息中心统计，2016年，全国重点大型零售企业床上用品套件平均单价535元，同比下降12.9个百分点；床上用品各种被类平均单价为492元，同比下降6.3个百分点。

品牌销售企稳回升。据2017年品牌调查显示，147家品牌企业中，2016年平均主营业务收入21.1亿元，同比增长6.77%；平均利润1.79亿元，同比增长10.78%。据中国纺织建设规划院统计显示，2016年193家纺织服装类上市公司销售收入共计11515.13亿元，同比增长11.79%；利润总额682.79亿元，同比下降0.75个百分点。据海澜之家、安踏集团、森马服饰、安奈儿等20家纺织服装上市公司发布的2017年中期业绩，这20家企业上半年营业收入共471.03亿元，同步增长15.8%；净利润69.72亿元，同比增长8.78%。其中，19家企业营业收入上涨，女装行业一改低迷局面正在回暖，同时净利润呈两极化趋势，行业进一步分化（表1）。

表1　部分纺织服装上市公司2017年上半年财报数据

企业名称	营业收入（亿元）	同比（%）	净利润（亿元）	同比（%）
海澜之家	92.53	5.60	18.75	5.76
安踏集团	73.20	19.20	27.46	14.80
拉夏贝尔	48.82	6.90	3.01	–0.90
森马服饰	44.33	14.27	5.34	4.18
李宁集团	39.96	11.14	1.89	27.54
太平鸟	28.15	12.72	0.94	–34.36
都市丽人	20.79	–6.00	1.45	–16.70
罗莱生活	19.81	47.50	1.62	7.40
探路者	12.78	17.52	0.79	–16.31
朗姿股份	10.57	123.67	0.54	41.35
宝国国际	10.52	17.90	0.06	22.20
安莉芳控股	10.17	0.68	0.76	–1.27
富安娜	9.61	9.06	1.59	–6.12
维格娜丝	9.29	149.85	0.45	54.11
珂莱蒂尔	9.19	30.96	1.11	–7.81
梦洁股份	7.85	43.25	0.70	25.41
歌力思	7.77	95.08	1.28	176.13
安正时尚	6.25	18.13	1.29	10.20
安奈儿	4.84	11.69	0.44	9.41
日播时尚	4.60	13.99	0.25	32.20

注　资料来源：中国纺织工业联合会品牌工作办公室整理。

消费需求回归理性。中国“80后”“90后”中高收入人群的时尚消费态度明显回归理性。一项调查显示，超过半数的受访者更愿意尝试小众或新品牌，“海外设计师品牌”是“80后”心中最时尚的品牌类型，43%的“90后”受访者认为“轻奢品牌”更时尚，消费者开始了解“时尚租赁”。同时，年轻消费者对时尚的理解和购买已经越来越全球化和扁平化，对新品牌的鉴别能力越来越强。中国消费者对小众品牌的心态更加开放，更乐于尝试，这样的态度在“90后”身上更为突出，这也为中国设计品牌的生存和壮大提供了更肥沃的土壤。

进入寡头割据时代。正装及休闲潮流男装市场将以七匹狼、利郎、九牧王、劲霸、柒牌、报喜鸟、雅戈尔、红领、马克华菲、卡宾、GXG等为一大阵营；女装市场将以欧时力（ochirly）、FivePlus、歌莉娅、MJstyle等为主要阵营；家纺市场将以罗莱、富安娜、水星、梦洁、博洋、孚日、洁丽雅等为主要阵营；运动装市场将以安踏、李宁、特步、匹克等为主要阵营，其他运动品牌将进一步衰弱；而童装方面将以森马旗下的巴拉巴拉、巴布豆、小猪班纳等为主要阵营。

"小而美"的网红品牌正走向成熟。

市场容量持续增长。我国拥有全球最大的人口与消费市场。2017年前三季度，社会消费品零售总额同比增长10.4%，居民收入水平提升及消费理念转变，大大促进了城乡居民在纺织服装产品方面的消费支出；同时，城镇化的进一步发展和国家扩大内需战略是纺织服装行业发展的潜力所在。未来，我国城市化率仍将持续提升，城市化的发展使得城镇居民人口持续增加。这将持续推动消费观念的更新和消费结构的升级，并释放国内巨大的消费潜力，从而带动纺织服装品牌市场容量的持续增长。

（三）自主品牌创新变革

面对新常态，品牌企业开始以资本为纽带，向产业链的上下游，特别是向下游的物流、渠道、零售、服务等产业链环节延伸，向多品牌、多品类、"产品+服务"式的生活方式转化。

借助科技，打造新零售。线上线下一体化的全渠道零售、消费体验场景化以及高效供应链为核心竞争力的新型零售模式，正在崭露头角。李宁电商业务不再仅作为在线销售及营销渠道，而是向数字化运营方向探索和实践。未来计划通过利用移动端网络平台贴近目标消费群体，优化在线及线下购物体验，提升多渠道、跨平台的用户体验。

跨界合作，链接消费。九牧王发力产品同时，不断加强市场营销推广与品牌建设，深化品牌与影视剧的结合，通过搭载影视资源，植入品牌相关产品，从而在一定程度上实现双方利益的扩增。贵人鸟携手蜘蛛侠系列，结成跨界合作，推广其带有IP元素的产品；特步儿童与《变形金刚5》达成合作，在各大门店推出多款变形金刚限量款的服装、鞋子以及配件；2017年6月，富安娜宣布正式进军服装业，并发布了"艺术中国丨领·域"服装秀。

品牌多元，持续发展。品牌企业若对单一品牌形成严重依赖，那么对于公司未来经营业绩和产品的适销性而言将会存在较大的不确定性。因此，很多品牌企业以主品牌为核心，开始向其他领域延伸，形成多个品牌矩阵。玛丝菲尔不仅推出了高端设计师品牌"ZhuChongYun"、男装品牌"MARISFROLG"，同时还收购了国内的设计师品牌"AUM"、意大利品牌"Krizia"；日播以面向女性主流消费群体的"broadcast：播"为主品牌，旗下还有面向新锐时尚女性的"PERSONALPOINT"、主打中高端潮牌的"CRZ"两个副线品牌，以及王陶个人设计师品牌"TaorayWang"；地素时尚先后推出"DAZZLE"品牌、"DIAMONDDAZZLE"和"d'zzit"品牌，2016年又与著名歌手那英携手推出了"NABYDAZZLE"品牌；江南布衣除了"JNBY"，其旗下还开设有男装品牌"速写"、低龄童装品牌"jnbybyJNBY"、职业女装品牌"less"以及青少年装品牌"Pommedeterre"，并于2017年1月，开设首家JNBYHOME独立门店。

（四）新生品牌力量崛起

传统的服装加工生产企业与零售模式将逐渐被时代淘汰，而具有新思想、新创意的新兴服装品牌企业以及线上线下相融合的新零售模式已逐渐成为中国服装实体经济的新希望。消费者需求的个性化、多元化，先进设备与新技术的应用，以及服饰文化的发展，成为中国服装行业新生品牌成长的助推器。近年来，一批创新型品牌出现在大众视野，为国内服装品牌市场增添活力。

新锐快时尚品牌迅速扩张。"KM""H：CONNECT""MJstyle""UR""热风"等

国内快时尚品牌以新零售思维迅速扩张，大举开店，并开始向三、四线城市下沉（表2）。截至2016年10月，“热风”已在全国150多个城市布局超过800家门店，遍布北京、上海、广州、深圳等核心城市。在全国部分中大型门店内开辟20m^{2}左右的儿童区，以满足家庭购物的需求，与“集成式婚礼创意平台VORES”达成合作，从而满足消费者对婚礼用品的需求。

表2　2016~2017年部分新锐快时尚品牌店面数情况

单位：家

品牌名称	原有店面数	2016年新开店数	2017年计划开店数
KM	400	300	468
H:CONNECT	220	120	140
MJstyle	200	101	150
UR	120	60	60~100
热风	800	21	176

独立设计师品牌强力崛起。新消费时代的用户对品质、个性化要求更高，因此产品独特、设计感强、风格鲜明的设计师品牌开始有机会崭露头角。目前，越来越多的设计师品牌活跃在各大商场中，受到消费者的喜爱。在短短三年内，连卡佛和“Joyce”门店销售的中国设计师品牌数量增长惊人。中国服装设计师品牌虽然起步晚，但现在已开始在全球时尚舞台崭露头角。此外，设计师的专业能力也有大幅提升，在剪裁、制作和审美上能与本土消费者产生共鸣，其中最大的优势还是能理解消费者的本质需求。近年来，中国设计师品牌作品的质量不断提升，一部分品牌已经可与主流大牌比肩，比如：“MsMin”（设计师：刘旻）、“Chictopia”（设计师：刘清扬）、“HelenLee”（设计师：李鸿雁）以及超模吕燕的个人品牌“CommeMoi”。“MsMin”更是成为连卡佛时尚女装的支柱品牌之一。

专业市场品牌茁壮成长。服装专业市场，在产业生态中始终是品牌孵化和品牌培育的重要平台和基地。中国纺织工业联合会流通分会坚持“服务为本”的思想，坚持扶持和培育有市场潜力的成长型服装品牌企业走向原创、自主的发展道路，并为其提供品牌建设规划、市场渠道拓展、供应链配套资源整合等方面的行业服务。截至目前，已有627个自主服装品牌被授予“中国服装成长型品牌”称号。经过八年的扶持工作，已有不少成长型服装品牌崭露头角。80%以上的中国服装成长型品牌企业，年销售额连续三年保持了每年10%以上的增长率，远高于行业平均水平。

（五）文化品牌展露风采

中国服装行业的数量竞争时代已经接近尾声，以品牌、价值、创新为核心的新的竞争时代已经拉开帷幕。随着中国综合实力的提升，越来越多的企业和消费者关注中国文化。将民族元素植入品牌中，已成为中国服装品牌关注的焦点，并受到广大消费者的认可。

传承中国文化，树立文化自信。中国服装品牌要以独有的姿态站在世界时尚舞台上，很大程度上还是靠我们的文化自信。随着“中国风”在世界时尚舞台的异军突起，中国服装品牌正将“中国文化”与时尚进行结合，变成一种相对强大的号召力，引领行业进入新的竞争时代。“EP雅莹”坚持对中国文化的探究和对现代潮流趋势的洞察，融合东西方审美与艺术，从全球时尚视角出发，结合中国当代生活方式，塑造更加当代和摩登的产品，在“EP雅莹”2017秋冬系列发布会上，“扎染”手艺起源于宋代的传统折纸“三角插”等传统技艺在此次活动上被赋予新能量；“柒牌”启动“多彩中华·中国民族服饰展演美国行”活动，以中华立领作为此次展演团美国行的展演服装，以中国文化为载体，向世界展示独具魅力的中华时尚；“龙笛”品牌在设计上除了保留中国文化的精髓外，还摆脱了传统服饰的束缚，利用比例、平衡感等现代手法，甚至采用垫肩修饰身材，将中国服饰独有的律动、美感与节奏融入现代的设计当中，因为源于生活，因此也打动很多消费者，得到消费者的认可。

挖掘传统工艺，提升品牌价值。中国的传统手工艺术具有极高的美学价值与文化内涵，目前将传统非遗文化和服装设计融合创新已成为国内服装品牌设计创新和文化塑造的一大主流趋势。把民族技艺变成产业、变成商品，既将非物质文化遗产活态传承，又提升了品牌自身的文化价值和影响力。2017年6月，北京服装学院、“NE·TIGER（东北虎）”“楚和听香”“度兮”依文集团、雅致东方、“DRita”、名瑞集团等多家国内知名服饰设计团队以设计的力量展现中国传统手工技艺，联袂带来非物质文化遗产与现代生活紧密结合的创意秀场。这次活动通过展示苏绣、京绣、粤绣、宋锦、南京云锦木机妆花手工织造技艺、苏州缂丝织造技艺、香云纱染整技艺等多项国家级非物质文化遗产与现代服饰设计的时尚融合，再现了传统手工技艺的精妙；七匹狼将傣族的炫美文化与狼文化进行深入融合，把极具狼文化的《THAIETHNIC系列》产品在米兰时装周的舞台上亮相；南宫秀品牌以青花、宫廷、端庄、婚庆等系列，展现“杭绣”这一非遗技艺的历史传承和现代服饰文化的完美结合；高级定制礼服及成衣品牌YVESKEVIN把潮州非物质文化遗产“潮绣”带上中国国际时装周舞台，将潮绣的精美灵魂深刻嵌入潮流的躯体，又把时尚的元素巧妙融入潮州非遗文化理念当中；中国设计师张义超也将非遗“夏布”服饰带进澳洲。

（六）区域品牌提升发展

目前，全国纺织服装产业集群地都在转变增长方式，巩固现有产业优势，以智能制造、品牌建设为主攻方向，以创新发展为着力点，加快推进产业改造提升，大力发展“互联网+”“智能+”，不断做强、做精、做专、做大、做优纺织服装产业，全力构建现代产业集群体系。一批已经具备了一定规模、实力和品牌的集群企业成为区域品牌的形象代表。

产业链条日益完善。国内各纺织服装产业集群积极发展配套产业，不断完善和延伸产业链，融入全球纺织服装产业链，重点发展一批具有综合配套能力和较强技术创新能力的上规模服装企业，有效地推进产业结构的优化升级。例如潮州服装产业已经形成以婚纱、晚礼服为主导，另有蕾丝、睡衣睡袍、内衣、绣衣、床上用品以及手钩、刺绣、抽纱、机织、针织、珠绣等制成品完整产业链体系，潮州目前已成为国内外最大的婚纱、晚礼服生产集聚地和出口基地。

创新体系初步形成。国内各纺织服装产业集群地从战略上进行规划、调整、提升，搭建信息、研发、创意等公共平台，建设自主创新的有效载体，依靠科技进步，大力引进高新技术和先进适用技术，加速高新技术向服装业的渗透；建立以企业为主体的技术创新体系，组建起实力雄厚的技术研发机构；并且与国内外高等院校和科研机构建立起密切的合作关系，形成了产学研合作的研发体系。以“智能制造”为主攻方向，全面优化产业结构，鼓励企业拥抱“互联网”，培育一批系统解决方案供应商。

品牌建设卓有成效。各纺织服装产业集群地政府都根据自身产业优势，制定了一系列政策措施，营造良好环境，有力推动当地服装品牌建设；将产业集群的发展与文化创意产业有效融合，使服装区域品牌的建设方向向创新和创意型转变；不断培育行业龙头企业，充分发挥龙头企业的带动作用，积极推动企业上市，支持上市公司通过并购重组加快做强做大，鼓励有条件的大企业围绕全球资源配置，提升产业集中度、完善市场网络等开展并购重组；培育新一轮创新成长型企业，出台相关配套政策重点培育“隐形冠军”，力争培育一批细分行业内有较大影响力的单打冠军企业；同时，重点发展电子商务，拓展区域品牌在国内的知名度。

品牌效应不断扩大。采取“走出去”“请进来”的策略，支持当地企业组团参加国内外各种专业展览、时装表演、行业交流合作活动，扩大区域品牌在国内外市场上的知名度和影响力；结合自身的基础和优势，坚持走创新、时尚的特色发展道路。例如余杭、海宁等家纺产业集群正在将“小家纺”升级为“大家居”的概念，并组团参与今年的上海家纺展，在展会上展示了整体家居软装解决方案，企业更注重整合能力和家居整体环境设计，并与国内国际企业达成多项合作协议，区域品牌影响力不断扩大。柯桥、虎门、盛泽等优质产业集群创新发展，成为国际知名的区域品牌，更成为终端品牌的孵化打造平台。

二、中国纺织服装品牌建设新特点和新趋势

（一）新特点

1. 国家战略护航产业升级

为全面贯彻中央经济工作会议精神，进一步落实《国务院办公厅关于开展消费品工业“三品”专项行动营造良好市场环境的若干意见》，工业和信息化部制定了《2017年消费品工业“三品”专项行动计划》，继续推进“增品种”“提品质”“创品牌”“优环境”。今年4月，国务院批准了《国家发展改革委关于设立“中国品牌日”的请示》，自2017年起，将每年的5月10日设立为“中国品牌日”。

国家战略的保驾护航将为纺织服装品牌建设凝聚全社会共识，提高自主品牌意识；营造宣传自主品牌的良好氛围，树立自主品牌产品消费信心；搭建自主品牌交流平台，树立中国自主品牌良好形象。

2. 消费升级催生市场机遇

随着新型城镇化推进、居民收入增长以及中高收入阶层的崛起，内销市场消费升级特征显著。

2016年，我国人均衣着消费支出为1203元，同比增长3.3%，增速较上年放缓2.6个百分点；衣着消费支出占人均消费支出总额的7%，较上年下降0.4个百分点。2017年上半年，我国人均衣着消费支出668元，同比增长2.4个百分点，占人均消费支出总额的7.6%，有所提升。

消费从生存型向品质消费、体验消费转变，娱乐型、享受型消费和服务型消费需求增长较为显著；从物质消费为主向服务型、体验型消费转变，中产阶层消费的增加、人口结构的变化，使得服务消费呈现出持续高增长的态势；从传统消费向新兴消费升级，个性化、特色化、差异化的消费方式出现，特别是定制式的选择性消费方式、线上线下相结合的消费方式、多种业态融合交叉跨界的消费方式、移动互联社交媒体跨越时空的全天候消费方式占比越来越大，呈现出快速增长势头。消费变革、消费升级使得市场环境发生巨大变化，机遇与挑战并存，带来新的市场机遇的同时也带来新的挑战，供需错配问题仍是当下待破解之题。

3. 资本力量加速品牌增值

近年来，产融结合越加活跃，资本并购

频发。

女装及童装首次公开募股（IPO）进入释放期，先后有太平鸟、日播时尚、安正股份、水星，以及童装品牌企业安奈儿成功IPO上市。服装家纺品牌企业上市有利于塑造品牌价值，纺织服装企业上市成为公众公司，放大品牌传播效应，更增强公众对企业的认知程度和信任程度。

此外，产融结合有利于产业资源的优化配置，实现资源协同发展。服装家纺品牌上市公司通过并购重组等方式加快转型步伐，向多品牌、多品类、“产品 + 服务”式的生活方式品牌转化。一方面以资本为纽带通过并购海内外品牌，向中高端升级、丰富产品线；另一方面打通国际时尚品牌资源，收购文化、教育、物流等领域企业股份，实现跨界延伸推动转型发展。

（二）新趋势

1. 虚实复合化

纺织服装品牌的线上线下渠道正在加速融合，促进了纺织服装品牌发展和与品牌建设相关供应链的“虚实共生”。

一方面，相关数据显示，中国2024年上网人群将达到8亿，随着城镇化规模的逐步增大，消费者可支配收入的增加，线上消费行为成为常态，线上渠道将持续进入快速发展期。另一方面，线上品牌加快线下实体店的建设与扩张也不乏典型案例。

有调查研究发现，线上线下融合这种趋势从消费者行为角度观察，已经十分显著。对于主流的快销品品类基本上三成以上消费者选择在线上收集信息最终在线下购买。同样，也有三成消费者选择在线下看货线上购买。这揭示着：全渠道——线上和线下融合的格局已经到来，并将作为一种常态化存在。

线上线下零售从之前的割裂敌对走向融合共赢，是大势所趋。线上线下的一体化将带动地区之间、城乡之间的一体化，逐步缓解产业和零售业发展不平衡的问题。规范化、互动化、一体化、全球化等趋势将成为“新零售”时代的主要特征。线上线下结合，不仅包括支付、物流、仓储、售后等，更要注重的是重塑消费者体验，打造“忠诚度闭环”，使品牌成为人们主动追随的文化行为和流行聚落，在线上和线下，都能增强黏度，进而抢占消费者的时间。

在这个过程中，有效设计、平衡线上与线下的群体错位与流量转换，将成为“新零售”针对不同需求，在空间和时间的双重意义上，于融合中实现“增量”的有效途径。

2. 智能普及化

智能科技为纺织服装品牌带来产品模式、生产模式、管理模式、营销模式的变化与挑战。

智能产品层面，围绕绿色环保、舒适健康、差别化、功能化等方面的研发开发和应用，提高服装产品档次和附加值。产品制造依托自动化、数字化、智能化装备开发，提升服装加工缝制、吊挂传输、仓储分拣等装备的自动化、智能化水平，推进智能工厂建设，实现生产设备智能化以及生产过程智能化。

智能运营层面，管理系统的集成应用强化管理决策支持功能；互联网、物联网、云计算等新科技应用，通过大数据挖掘，快速获取、处理、分析有关产品数据、运营数据、产业链数据和其他外部数据，对产品需求预测、产品设计、柔性加工、供应链优化、市场变化应对、战略调整等提供全程的数据支持，推动企业运营从业务驱动到数据驱动的转变，实现智能经营管理决策。

3. 体验交互化

品牌商与消费者之间的“体验交互化”，为

消费者提供体验产品性能的舞台，为品牌提供交互沟通的平台，进而形成黏性极强的品牌关系。

在零售终端设置文化体验区，激励消费者参与体验品牌的产品、感知品牌相关的文化；设置定制互动大屏、互动机器人等装置，鼓励顾客参与产品设计，提升购物体验趣味性，形成更强的品牌关系；在品牌传播中，通过微博、微信、Instagram和H5页面等社交媒体平台接近消费者的信息接受习惯，并尝试直播、即看即买等新方式、新手段形成互动式传播。

智能体验层面，虚拟现实技术（VR）、增强现实技术（AR）等智能设备以及辅助软件的成熟与普及将强化智能购物体验，虚拟购物将扩大商铺的互动性橱窗展示，为消费者带来更具个性化的消费体验。

4. 责任透明化

供应链可持续发展，“责任透明化”成为重要表现形式。披露供应链、供应商责任绩效、产品环境足迹是重要内容，“责任透明化”与劳动者权益、环境保护、消费安全密切关联。2013年孟加拉工厂倒塌事件后，越来越多的人权倡导者和消费者要求大型服装公司承担责任，为工人提供合适的工作环境，公布供应商名单，第三方机构能监测工厂环境。

供应链运营透明化、成本透明化都在成为新风尚。解构了的产品价格让产品本身更获消费者珍惜，企业选择公开这些信息之后，消费者会认为这是一种“亲密的披露”，也会更喜欢愿意披露这些信息的品牌。

中国纺织服装行业正在主动顺应趋势，以报告促管理成为重要手段。自2006年始，连续12年编制和发布行业社会责任年度报告，在印染、化纤、家纺、服装和产业用等五个分行业推进信息披露，14家产业集群参与责任信息披露。2009~2016年，120余家纺织服装企业发布了近300份社会责任报告，其中半数以上报告通过中国纺织服装企业社会责任报告联合发布会平台发布，近70份报告通过独立第三方的验证或协会鉴证。纺织行业不仅成为中国发布社会责任报告份数最多的制造业行业，同时也是报告验证比例最高的行业，做到了数量和质量双高。

三、中国纺织服装品牌建设的问题与挑战

近年来，我国纺织服装品牌保持平稳发展，一些品牌通过坚持不懈的努力，开始慢慢深入人心，赢得了消费者的认可与信任。然而，市场环境正在发生变化，消费升级突出，品牌发展也迎来了新的问题和挑战。

（一）科技创新能力有待精化

技术是产业之源，产业创新主要建立在技术创新基础之上。技术创新是产业发展的重要途径，然而我国纺织行业技术创新的水平与能力在不断前进的道路上仍需提升马力。

当前我国纺织产业技术自主创新能力总体上仍相对较弱，一些高端产品、加工技术和装备要依赖进口，技术集成度、装备集成度相对还比较低，服装创意设计、高端及高技术纺织品创新设计与开发还处于起步探索阶段，产业向高端、可持续发展的纺织原材料国产化率偏低，还有协同创新能力弱、投入不足、人才缺乏，全生命周期低碳绿色纺织、生态染整技术亟待集成等问题，另外纺织产业应用电子、信息、智能制造等技术都亟须通过持续创新，突破由大到强的瓶颈。

纺织产业正向着高端化、多元化、智能化、绿色化、服务化和融合发展的趋势发展，科技创新要以高端装备制造和信息化技术为支撑，围绕

产业链，从纤维新材料、先进纺织加工技术、生态染整技术、现代服装加工技术、产业用纺织品技术等方面，来探索新业态基础上的科技创新思路、新路径。

（二）社会责任建设尚待深化

西方企业共性价值理念的变化有四个阶段：第一个阶段就是资本主义原始的冲动，所谓信奉利润；第二个阶段强调企业竞争能力的建构和获得；第三个阶段是竞合，为客户提供价值，进行持续改善；第四个阶段，提出可持续发展。这就要求企业要对自身的行为负责，同时支持责任关怀，让价值链共同关注安全、健康和环境。

企业的发展必须跟社会的进步并行，我国政府高度对社会责任重视，但具体支持资源配备较少，行业企业重视力度不够，认识还存在误区，企业没有切实的感受这套系统的长远意义和促进健康良性发展的益处，所以多数企业还是停留在表面，做慈善、公益活动或者给员工提供福利等。另一些企业虽然已经开始社会责任建设，但是仍存在资源不足、专业人才匮乏等问题，导致行业组织在社会责任建设上存在着制约性因素，急需重视和解决。

社会正在向更加开放、更加透明、更加承担责任、更加分享的方向发展。企业要努力与价值链上下游伙伴合作共赢、责任共担，打造贯穿供应链的责任价值链，将企业责任推向新高度。只有整个供应链的可持续，才能确保企业持久成功。

（三）供应链诚信与协同急需强化

信用是市场经济的基石。提升供应链上各主体的信用能够有效降低交易成本、提升运营效率、强化协同能力、增进市场认可，最终实现价值增值。供应链诚信与协同问题正受到行业越来越广泛的关注。

诚信是企业的价值观之一，企业主要活动领域是经济领域，诚信是一种被法律规范的经济行为和经济能力，这种经济领域的诚信表现即“信用”。一些企业受传统观念影响，加之自身经营松散的特点，诚信度和可信度普遍较低，缺少品牌意识。这就使得供应链上中小企业与其他企业构建稳定高效的合作机制方面缺乏诚信基础的保障。另外，很多企业仍没有建立完善的企业信用管理制度和信用披露制度。协同方面，由于企业基础设施落后、技术标准缺失，难以有效地实现信息交流和共享。供应链中信息流通不畅，导致企业的采购和生产与市场需求难以结合，企业适应市场能力弱。同时各分系统资源整合和优化程度低，系统之间互通互连性差，资源配置和利用效果差，难以实现资源共享。特别是传统思维习惯，个别企业从自身利益角度出发，只注重个体企业的私有利益，充分参与意愿不迫切，使得整合效果欠佳，不能最大限度发挥整个供应链效能。另外，一些企业由于自身的局限性，人力资源管理能力较弱，企业自身实力有限，难以吸引和留住供应链方面人才，造成人才缺失。人才缺乏一直是小企业供应链管理所面临的严重问题，亟待解决。

（四）消费市场行为研究仍需细化

现代经济学认为，经济结构决定着产品总供给结构，总需求结构决定着消费结构；同时产品总供给结构和消费结构的变化也一定程度上影响着经济结构和总需求结构。近年来，随着供给侧的改革，消费结构升级内需扩大，我国正在迎来新一轮的消费升级，我国服装市场持续低迷也与居民消费升级有很大关系。

随着人民生活水平的提升，衣着类消费占比开始回升，越来越多的人开始对服装在时尚、文化、品位、个性等精神层面的满足感兴趣，品牌服装无论价格高低，色彩明快或是素雅，款式复杂或是简洁，针对不同的消费群体，研究消费心理、消费需求显得更为重要。

然而品牌服装企业很多情况下是“闭门造车”，缺乏产品开发之前的市场调研和消费者行为深入研究工作。仍然存在一味跟风，追求所谓的“流行”，最终供应到市面上的产品经常是在各大品牌门店都能找到类似的爆款，没有形成自己特有的品牌形象和品牌文化，不能与消费者产生心灵上的沟通，以此稳固与目标群体之间的联系。

在消费升级、需求升级的背景下，消费者对服装的要求越加具体、个性化，品牌企业更应跟上消费者的步伐，赶在消费者的前面，做好市场消费研究和消费者需求分析，加速创新，抢占先机，扩大有效供应，成为消费引导者。

（五）文化价值体系建设亟待系统化

文化自信是一个国家、一个民族发展中更基本、更深沉、更持久的力量。一直以来，国际知名品牌行列鲜见中国品牌，中国服装品牌多而不强，原因之一是中国服装品牌缺乏独立的精神文化价值体系，缺少现代文化的建构，不能输出文化价值。

虽然中国经济在最近30年得到快速发展，但中国品牌企业管理的思想没有根本性的重大突破，学美国、学日本，学的是术，不是道。文化信仰是文化的根源，是管理背后的理念和思想，强大的、生生不息的文化是独有的管理思想和高附加值的产品的源泉。

西方的文化根基和中国不尽相同，但他们的“术”成为世界管理宝典里面的一部分，是值得我们研究学习的。在引进西方文化的时候，不仅要将其作为一种工具，而是将其作为一个完整的价值体系，来汲取其中的精华，形成自己的文化。

品牌企业要从市场角度，从效率和质量增长、能力与技术积累的角度，从政策和资源的角度，从东方智慧汲取营养，化解种种不平衡，建立起属于自己的具有中国特色的文化价值体系。这是一个渐进积累的过程，需要慢慢积累，逐渐渗透。

四、中国纺织服装品牌建设未来方向

未来，在中国特色社会主义进入新时代的关键时期，中国纺织服装品牌建设要根据《纺织工业发展规划（2016~2020年）》提出的品牌工作目标任务，以消费需求为导向，以两化融合的制造体系为基础，以科技创新为引擎，以博大精深的文化体系为支撑，以协同创新的供应链体系为保障，以社会责任为着力点，打造品质优良并极具创新能力和国际化运作能力的品牌群体，塑造互联网时代品牌发展新优势。

（一）以消费需求为导向实现有效供给

从品牌建设的根本做起，坚持质量为先的理念，从调结构、增品种、提品质出发，做强做优产品。

根据不同层次消费有效需求，调整产品结构。细分产品领域，导入独特的创意设计内涵，发展个性化、时尚化、功能化的高性价比产品，提供具有差异化和符合中高端消费需求的产品，完善促进消费的体制机制，增强消费对经济发展的基础性作用，同时要创造需求，引导消费，增强创意导向力。

满足增量，开拓新产品，实现有效供给。以资本为纽带，通过收购国际国内品牌，推出中高端副线品牌，丰富产品线，向多品牌、多品类、“产品 + 服务”式的生活方式品牌转化。以智能可穿戴服装、老年人健康服装、健康家纺等产品为重点，发展智能类、健康类纺织服装产品。

弘扬工匠精神，做精产品品质。不断完善技术工艺水平，加强质量精准化管理，倡导树立专注专业、精益求精的工匠精神；从知识产权保护、创意能力提升、创意平台推动、独立设计师与品牌企业对接交流等方面着手，推动保护原创设计品牌发展。

变“资源导向”为“需求导向”，建立快速反应的柔性制造模式，降低产品生产成本，提高生产效率，匹配个性化、多元化、立体化的需求升级。推进管理信息系统应用与集成，实现协同设计、敏捷制造与精准营销，增加组织柔性。

（二）以科技创新为引擎提升品牌价值

科技为品牌带来的是品牌物质创造力和品牌效能的提升，以及核心竞争力的加强。创新是引领发展的第一动力，是建设现代化经济体系的战略支撑。未来中国纺织服装品牌建设要进一步加强新材料、新设备、新技术的运用，建立协同的科技创新体系，以科技促创新，以创新增效益，以科技提升品牌附加值。

大力聚集高端科技创新要素，全力融入全球科技创新网络。积极引进国内外科研院所、高等院校以及科技类社会组织，培育一批有特色、高水平面向市场的新型研发机构。依据产业重大科技发展趋势与要求，以企业为主体面向全球引进高层次科技创新人才，培育一批高水平科技领军人才、高技能人才和高水平创新团队。推动创新型企业建设，培育一批创新型领军企业。

支持建设服装科学专家工作室，鼓励开展探索性、原创性研究，加强纺织服装自身基础科学研究。加快服装基础数据库及有关数字化服务平台建设，推进三维人体测量、三维服装CAD、3D服装可视化及模拟技术的精准性和实用化，加强裁剪、缝制、整烫工艺技术研究与应用，以增强品牌发展后劲。引进建设一批集突破型、引领型、平台型功能于一体的科技创新中心，全面提升品牌企业科技创新能力。

进一步完善产学研用相结合、跨界融合、协同发展、开放合作的科技创新体系。重视面辅料绿色环保、舒适健康、差别化、功能化等方面的研发开发和应用，提高服装产品档次和附加值；依托自动化、数字化、智能化装备开发，提升服装加工缝制、吊挂传输、仓储分拣等装备的自动化、智能化水平，推进智能工厂建设，实现生产设备智能化以及生产过程智能化。

不断加强各管理系统的集成应用，全面加速工业化与信息化的深度融合和综合应用，实现各管理系统的无缝连接，提高系统功能与企业业务流程再造的适应度，强化管理决策支持功能；强化互联网、物联网、云计算等新科技应用，通过大数据挖掘，快速获取、处理、分析有关产品数据、运营数据、产业链数据和其他外部数据，对产品需求预测、产品设计、柔性加工、供应链优化、市场变化应对、战略调整等提供全程的数据支持，推动企业运营从业务驱动到数据驱动的转变，实现智能经营管理决策。

（三）以人才培育为核心塑造品牌势能

人才是实现民族振兴、赢得国际竞争主动的战略资源。人才培育、团队建设是品牌发展永远的课题，在新时代下要构建适应社会、适应市场需求、适应品牌发展需求、适应时代变化速度的新型团队，包括跨国团队、网络团队及外部力量合作团队等，全球视野中的中国品牌发展，其根基是全球视野中的中国品牌团队建设。

大力引进急需紧缺的优秀人才。鼓励企业、高等院校、科研院所、社会组织等有序参与人才资源开发和人才引进，形成品牌创新发展所需要的人才队伍。发挥政府引导作用，打造高端人才、青年创业、互联网创业等社区，加强人才服务，吸引产业中高端创业人才。

集合中外高端时尚教育资源，大力创新教育新形式，采用“协会 + 企业 + 院校”人才培育方式，围绕服装设计、管理、营销等领域，培育实用性高端人才。同时，联合国内优秀企业与国际教育资源成立时尚学院，搭建线上线下教育培训平台，大力培育时尚创意人才。

引进国内外教育资源，促进跨行业、跨区域、跨领域的文化艺术交流，培育一批服装设计、制板以及市场营销、品牌推广、企业管理等方面的名师。同时，鼓励组织优秀时尚品牌和设计师集体走出去，亮相国际时装周、国际时尚展会、交流会等国际舞台，展示中国设计水平和形象。

建立良好的用人机制，完善人才选拔、评价、激励和保障体系，为人才提供良好的工作平台和发展空间。努力建设一支互联网时代下富有创新精神、优秀工业精神的人才队伍，一支对市场和产品本身充满尊重、对产品倾注满腔情感和能量的专业队伍。调整培养结构，建设一支专业化程度高的多层次人才队伍，加强高素质专业基础人才的培养，造就一批领军人才、创新人才、营销人才和高技能人才，注重跨学科、跨行业复合型人才的培养，使之成为促进品牌发展、参与国际竞争的中坚力量。

（四）以中华文化为支撑强化品牌内涵

美化生活、时尚品位、彰显个性、突出特色、注重体验等成为消费者购买品牌的重要因素，品牌纺织服装既是物质产品，也是传递精神文化、弘扬中华传统优秀文化的重要载体。通过树立文化自信来提升产品附加值与时尚话语权。建设先进的品牌文化将成为今后中国纺织服装自主品牌发展的重点。

促进纺织服装工艺与文化创意的深度融合。不断推进纺织服装产品开发与创新，丰富产品品类，提升文化价值、美学价值、市场价值。对不同国家和地区各领域品牌文化和服饰文化进行关联研究，分析文化元素在品牌中的认同点和实现方式。研究中华文化在服装领域的融入与负载，适时建立服饰文化基金和博物馆，挖掘传统服饰文化，建立新型纺织服装文化体系。积极开展纺织服装领域传统文化元素的发掘与研究，在应用与创新中实现纺织类非物质文化遗产的传承与保护。挖掘中国美学元素，寻找东方文化精神，将中国文化能量融入产品和品牌。

促进时尚潮流与生活方式的深度融合。以生活方式为切入点，研究发布从色彩、纤维、面料到终端产品的流行趋势，促进流行趋势在产业链上的传导，打造全产业链的“大时尚”。顺应消费新趋势，深化品牌对社交网络环境下的“二次元”“网红”等亚文化的发掘与应用。基于品牌定位，讲好品牌故事，赋予品牌独特、深度的文化内涵，提升品牌辨识度和文化承载能力，创造品牌信仰，引导消费归属，传达情感诉求，实现物质消费与精神消费的有机结合，最终形成目标消费群对品牌的忠诚度。

促进企业文化与品牌建设的深度融合。从价

值观、制度和形象三个维度引导企业建设丰富企业文化。以企业文化为基础，推进产品品牌与设计师品牌的发展，树立企业品牌的核心价值、规范企业的经营行为、建设品牌视觉识别系统与传播渠道，促进企业产品风格与品牌形象的协调统一。

持续推动美学、文学、经济、历史、影视等跨界领域在行业的交流与融会，打造融合纺织服装行业并有利于纺织服装品牌发展的“大文化”“大时尚”概念，进一步加强文化跨界。

（五）以模式创新为手段重塑消费链接

需求个性化、服务产品化和场景体验化正成为新零售商业模式的核心要素。商业零售正由销售商品向引导生产和创新生活方式转变，中国纺织服装品牌建设要由粗放式发展向注重质量效益转变，由分散独立的竞争主体向融合协同品牌新生态转变。

以消费者为中心，进行模式创新。推动建设科学、优质、高效时尚产业链的同时，鼓励建立以顾客为中心的价值创造机制，完善集成创新体系，提升品牌企业运营能力，积极探索跨界合作方式，进行商业模式创新。加强产业互联网、跨境电商联动，鼓励企业基于互联网创新营销模式，支持企业探索应用移动电商、众筹营销、网上定制等新营销方式。推动企业应用大数据等新技术，全面进行系统创新，形成快速反应机制，重构电商价值链。支持相关机构、互联网领军企业打造服装产业专属B2C平台，建设一批线上线下融合，集产品设计、展示、体验、购物等于一体的电商平台。

以消费者为中心，改善客户体验。新零售的“体验”，是消费信息收集、深度分析、技术处理与融合输出的综合成果，也是理念、机制、人员配合的系统工程。中国纺织服装品牌要把消费者价值观、消费观、消费心理、情感需求研究透，并与本企业产品、定位及文化相融合，切实从消费者出发提供其所需的产品、服务、购物环境等。同时，在提供消费体验的过程中需要不断倾听自己的客人，评估他们对产品、服务、品牌及体验的认可度甚至情感，了解消费者关切点，持续改进提升。

以科学技术为支撑，挖掘消费需求。挖掘用户在各个场景中的行为数据，满足消费需求，提升转化。借助大数据和云计算作为技术支撑，以精准而广泛地识别出顾客对于不同产品的敏感特性，从而精细化地完成用户画像，建立有效且全面的数据分析，以便更加准确的满足消费需求，提升消费转化率。从而变“生产导向”为“需求导向”，在消费者日趋个性化、多样化的环境之中，引导产品研发和商业模式创新，通过培养“共情”与“同理心”，创造与消费者连接的新价值点。

（六）以社会责任为着力点实现可持续发展

中国纺织服装品牌建设要以构建负责任的产业链为着力点，推进诚信建设，强化社会责任意识，改善产业与社会的关系、产业与生态的关系和产业与消费的关系，提升品牌形象和塑造核心竞争力，实现可持续发展。

中国纺织服装行业的社会责任是三位一体的责任。第一是人本责任，对员工和消费者的责任，即保障行业生产力，满足服务对象需求。第二是环境责任，包括污染防治、节约资源、减少排放等，提高品质内涵，保障未来空间。第三是市场责任，围绕价值链与创新链，强化运行效率，确保系统公平性。

健全社会责任推进机制，通过管理体系、信

息披露、多方合作三大发展推进机制，以机制输入产生价值输出。管理体系的建设，一方面，由外向内通过行业社会责任建设提高企业内部管理能力，对位于全球产业链上游位置的制造企业进行管理能力的提升；另一方面，由内向外通过行业社会责任建设优化行业外部发展环境，帮助中国企业了解国际市场。信息披露通过对重点行业的关注，在印染、化纤、家纺和服装四个分行业开始着手，开展集群层面和企业的信息披露。通过多方合作落实社会责任导向，在统一规范的同时减少供应链重复工作，提高各体系的运行效率和透明度。

附件：

2017年中国服装家纺自主品牌调查报告

第一章　2017年服装家纺企业品牌调查总体情况

第一节　调查简介

2017年8月31日，工业和信息化部印发《关于开展服装家纺自主品牌调查分析工作的通知》［工厅消费（2017）823号］，启动服装家纺自主品牌调查分析工作。

一、调查目的

通过调查服装家纺行业自主品牌建设情况，分析总结我国服装家纺行业自主品牌建设现状，编制和发布服装家纺行业自主品牌年度发展报告，宣传知名品牌和优秀品牌企业。

二、调查内容

本次调查内容主要是2015~2017年上半年服装家纺企业自主品牌建设情况，包括企业基本情况、企业基础能力、品牌管理能力、品牌创新能力、品牌市场能力等方面。

（1）企业基础能力：由职工总数、资产总额、资产负债率、银行评定的信用等级、利润总额（纺织服装）、主营业务收入（纺织服装）、上缴税收总额等指标构成。

（2）品牌管理能力：由主商标国（境）外注册的国家（地区）数、中国驰名商标认定情况、专业机构评定的品牌价值、快速反应体系建设情况（包括ERP或其他信息化管理系统应用、危机公关管理机构）、质量/品牌培育管理体系建设情况（包括ISO 9001体系认证、品牌培育管理体系有效运行、国际生态技术或产品的相关体系认证名称、企业内部实验室）、社会责任体系建设情况（包括CSC 9000T体系认证、ISO 14001体系认证、OHSAS 18001体系认证）、广告宣传推广费用投入额等指标构成。

（3）品牌创新能力：由专职科研设计人员数量、2014~2016年获得设计或品牌类大奖次数、企业自有研发机构、研发设计投入额、新品（款式）销售收入、有效专利数量、是否曾作为国家/行业标准的起草单位等指标构成。

（4）品牌市场能力：由营销网点数量、营销网络覆盖省份数（国内市场）、国内外直营店情况（店面数、销售总额、销售量、利润总额、总面积）、国内外非直营店情况（店面数、销售总额、销售量、利润总额、总面积）、网络渠道销售额、国外市场情况（自主品牌产品销售额、销售网点布局国家数、独立或参控股销售公司、宣传推广活动）、有无客户服务方案（客户管理系统、产品售后服务体系）等指标构成。

三、调查对象范围

调查对象需满足以下三个条件：

（1）企业（含港、澳、台资企业）在中华人民共和国境内注册。

（2）服装家纺自主品牌商标注册和使用需符合我国法律法规要求，企业拥有的自主品牌商标在中华人民共和国境内取得核准注册。

（3）企业自主品牌产品有一定的市场销售业绩。

四、调查方法

由各省、自治区、直辖市及计划单列市、新疆生产建设兵团工业主管部门分别组织本地区服装家纺自主品牌企业，通过中国纺织服装品牌网(www.texbrand.org.cn)网上填报系统进行网上填报，填写《2017年服装家纺自主品牌建设情况调查表》，填报完成后生成纸质版，并将有关证明性材料书面报送各省、自治区、直辖市及计划单列市工业主管部门审核，审核后报工业和信息化部。工业和信息化部委托中国纺织工业联合会对调查数据进行初审，初审通过后工业和信息化部进行审核，通过审核的企业作为本调查报告的样本企业。

第二节　样本情况

2017年8月31日~10月9日，问卷调查工作完成，经过筛选及审查，最终确定有效样本企业为122家。

一、行业分布

从行业分布来看，122家样本企业中，服装企业77家，占比63.1%；家纺企业45家，占比36.9%（图1）。

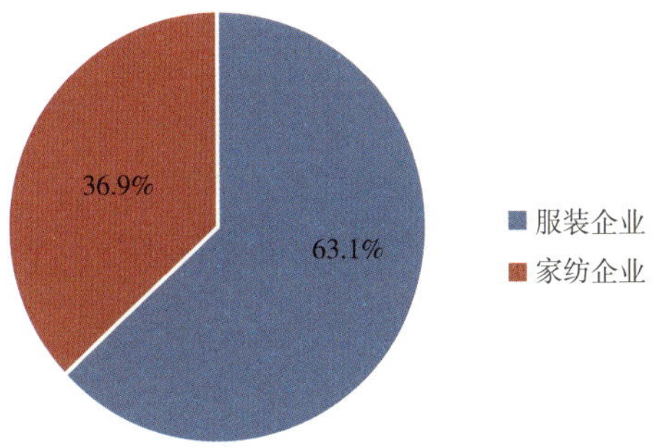

图1　样本企业行业分布

从生产产品来看，样本服装企业中，以男装及女装生产为主。82.7%的样本服装企业生产男装，69.1%的样本服装企业生产女装。生产童装的企业也占据较大的比重，达到40.7%（表3）。

表3　样本服装企业主要产品领域

服装产品	占比（有交叉）
男装	82.7%
女装	69.1%
童装	40.7%
运动服装	34.6%
内衣	28.4%
服饰	23.5%

样本家纺企业中，以床上用品生产为主，71%的样本家纺企业生产床上用品。另有17.7%的样本家纺企业生产毛巾系列；4.8%的样本家纺企业生产窗帘布艺（表4）。

表4　样本家纺企业主要产品领域

家纺产品	占比（有交叉）
床上用品	71%
毛巾系列	17.7%
窗帘布艺	4.8%
其他家纺产品	51.6%

二、区域分布

调查结果显示，样本企业主要集中在东部地区及中部地区。49.2%的样本企业分布在东部地区，41.8%的样本企业分布在中部地区，仅有9%的样本企业分布在西部地区（图2）。

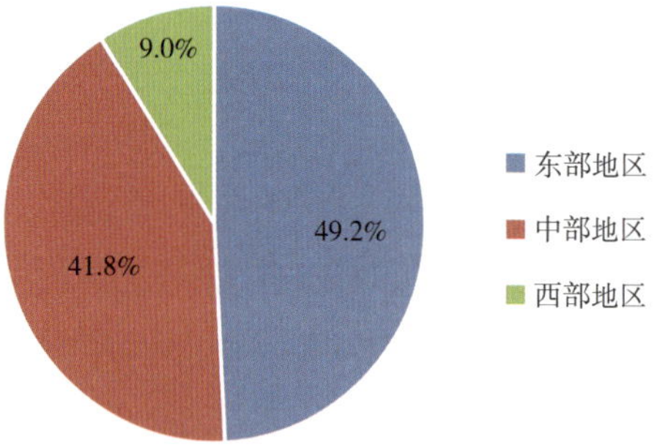

图2　样本企业地区分布

三、品牌分布

调查结果显示，样本企业共拥有品牌212个，以成长品牌及年轻品牌为主[1]。38.2%的品牌为成长品牌；30.6%的品牌为年轻品牌；新生品牌及成熟品牌处于分布的两端，分别占比14.2%及17%（图3）。

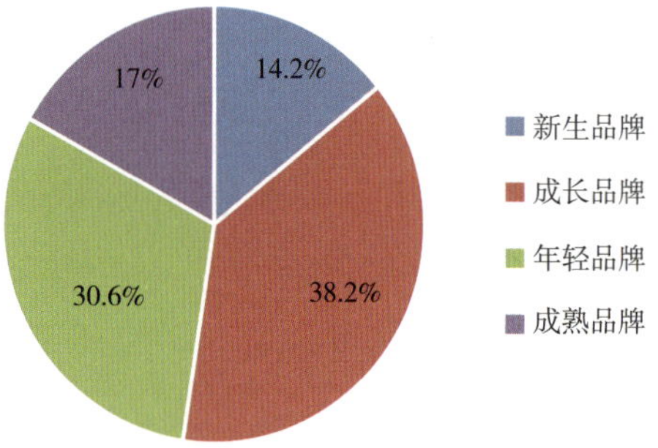

图3　样本企业品牌发展阶段分布

结合品牌类型来看，以生产型和生产渠道并重型为主。调查结果显示，54.8%的品牌为生产型，40.2%的品牌为生产渠道并重型，设计师品牌和渠道型品牌的比重分别各占2.5%（图4）。

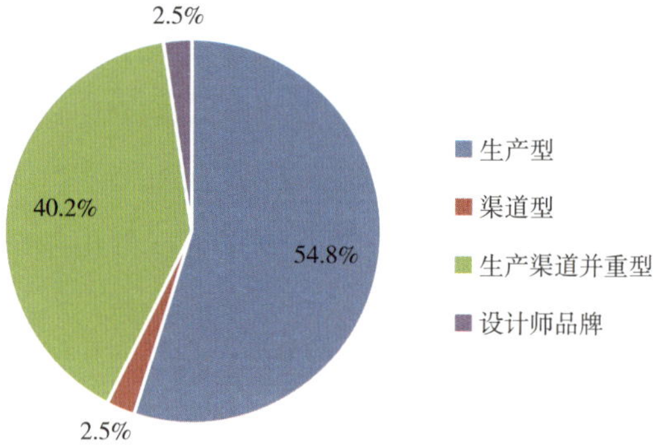

图4　样本企业类型分布

四、西部地区企业行业分布差距显著

调查结果显示，东部、中部及西部地区之间的服装企业及家纺企业的比重存在不同幅度差距，西部地区间的差距尤为显著。西部地区中90.9%的企业为服装企业，仅有9.1%的企业为家纺企业（表5）。

表5　东部、中部、西部地区样本企业行业占比

区域	服装企业占比	家纺企业占比
东部地区	61.7%	38.3%
中部地区	58.8%	41.2%
西部地区	90.9%	9.1%
累计占比	63.1%	36.9%

五、西部地区企业偏向生产型，设计师品牌聚焦东部地区

调查结果显示，在品牌类型中，西部地区的生产型及渠道型的比重均远高于东部及中部地区的比重，分别为72.7%及9.1%；同时，生产渠道

[1] 本次调查分析规定，品牌年龄在5年以下的品牌为新生品牌，5~10年的为成长品牌，10~20年的为年轻品牌，20年以上的为成熟品牌。

并重型的企业比重，西部地区远低于东部及中部地区。

此外，设计师品牌的企业在东部地区较为集中。调查结果显示，3.3%的东部样本企业为设计师品牌型（表6）。

表6 东中西部地区样本企业类型占比

区域	生产型	渠道型	生产渠道并重型	设计师品牌
东部地区	46.7%	1.7%	48.3%	3.3%
中部地区	60.8%	2%	35.3%	2%
西部地区	72.7%	9.1%	18.2%	0%
总计	54.8%	2.5%	40.2%	2.5%

第二章 2015~2016年品牌基础能力

第一节 人员和资产

一、职工人数

调查结果显示，2016年，样本企业职工总人数36.9万人，同比增长1.5%，企业平均职工3024人，2017年上半年，样本企业平均职工达到3190人。其中，服装企业职工总人数32.1万人，同比增长2.1%，企业平均职工4172人；家纺企业职工总人数4.8万人，同比下降2.3%，企业平均职工1061人（图5）。

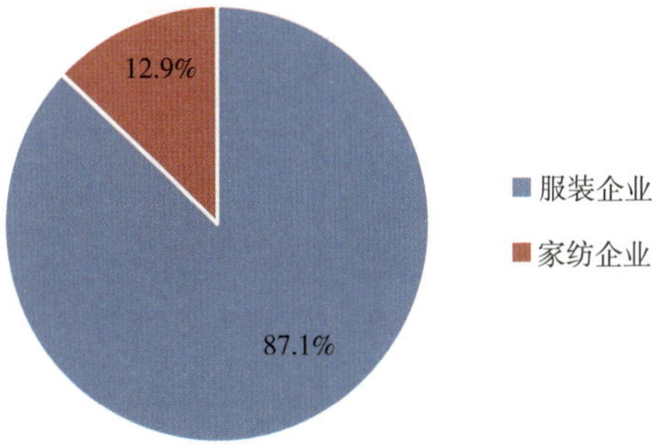

图5 样本企业职工结构

从品牌类型上看，渠道型企业平均职工数最多，设计师品牌企业平均职工数最少。调查结果显示，2016年，渠道型品牌企业平均职工4036人，设计师品牌企业平均职工536人（图6）。

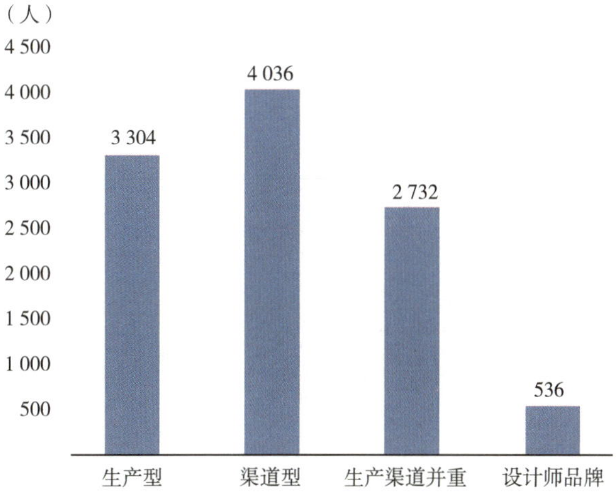

图6 样本企业各类型平均职工数量

二、资产情况

（一）资产总额

调查结果显示，2016年，样本企业资产总额3416.9亿元，同比增长7.2%，企业平均资产28亿元，2017年上半年，企业平均资产达29.8亿元。其中，服装企业资产总额3007.5亿元，同比增长7.4%，企业平均资产39.1亿元；家纺企业资产总额409.4亿元，同比增长5.5%，企业平均资产9.1

亿元（图7）。

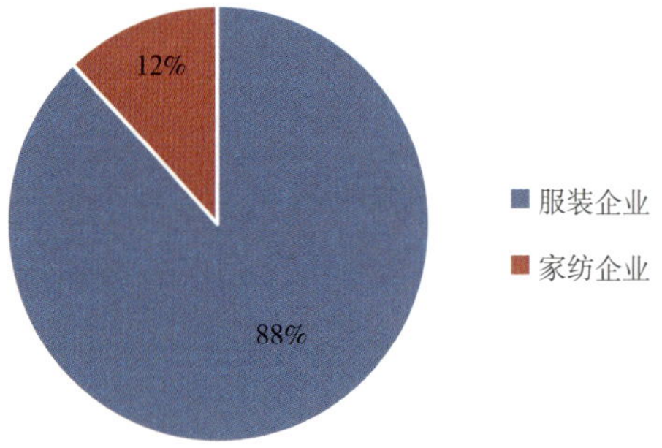

图7　样本企业资产结构

从品牌年龄来看，调查结果显示，成熟品牌资产占总资产绝对份额，但新生品牌份额略超过成长品牌。成熟品牌资产总额1788.4亿元，占比60.8%；新生品牌资产总额358.9亿元，占比12.2%，超过成长品牌0.9个百分点（图8）。

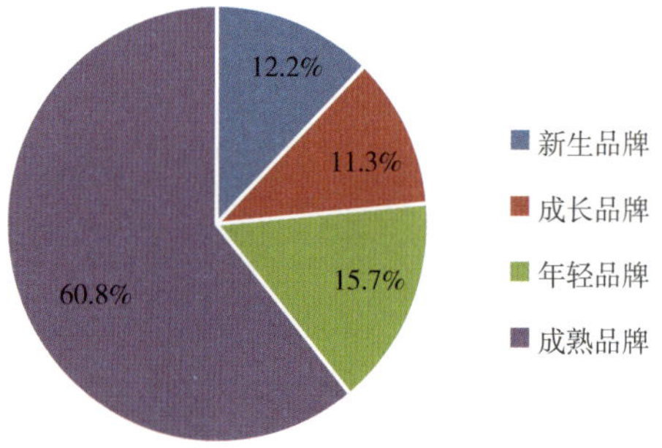

图8　样本企业资产总额按品牌发展阶段分布

同时，新生品牌企业平均资产总额明显高于成长品牌及年轻品牌。调查结果显示，2016年，新生品牌企业平均资产总额17.9亿元，较成长品牌及年轻品牌分别高出8.1亿元及5.1亿元（图9）。

（二）资产负债率

调查结果显示，2016年，样本企业平均资产负债率40.6%，较上年下降2个百分点，2017年上半年，样本企业平均资产负债率39.5%。其中，

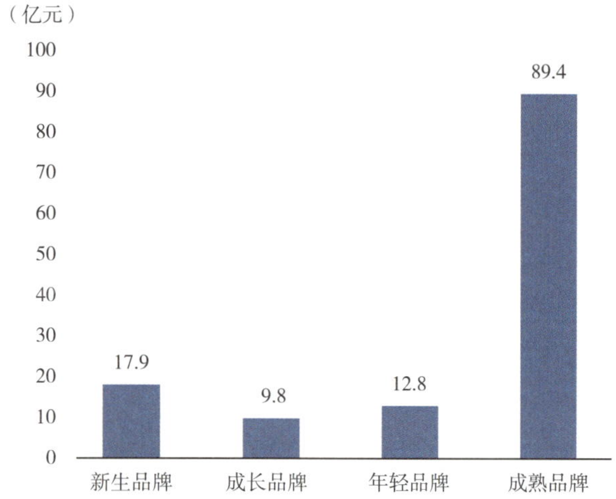

图9　样本企业平均资产总额按品牌发展阶段比较

服装企业资产负债率为39.5%，家纺企业资产负债为42.8%。

从品牌类型来看，设计师品牌企业资产负债率最低，仅为11.8%；渠道型品牌企业资产负债率较高，达到48.2%（图10）。

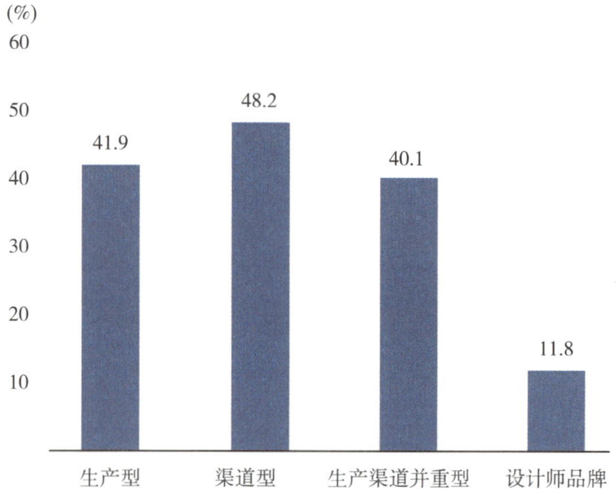

图10　样本企业资产负债率按品牌类型比较

从品牌发展上来看，新生品牌资产负债率高达44.5%，成长品牌、年轻品牌及成熟品牌随时间推移，资产负债率逐步提升（图11）。

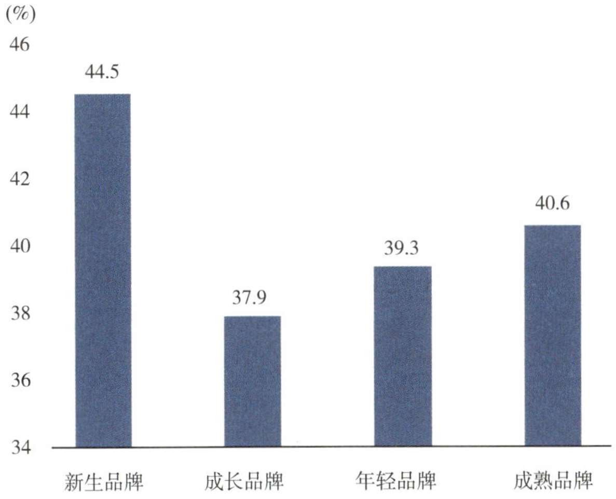

图11　样本企业资产负债率按品牌发展阶段比较

三、信用等级

调查结果显示，2016年，73%的企业银行信用等级为AAA级，较上年增加3.3个百分点；20.5%的企业银行信用等级为AA级，较上年减少2.5个百分点；6.6%的企业银行信用等级为A级及以下，较上年减少0.8个百分点。总体来看，企业银行信用等级在提升（表7）。

表7　样本企业分行业信用等级比重

样本企业行业	AAA级	AA级	A级及以下
服装	75.3%	19.5%	5.2%
家纺	68.9%	22.2%	8.9%
总计	73.0%	20.5%	6.6%

从行业来看，AAA级的服装企业比重显著高于家纺企业比重。调查结果显示，2016年，75.3%的服装企业信用等级为AAA级，68.9%的家纺企业信用等级为AAA级。

第二节　经济效益

一、主营业务收入

调查结果显示，主营业务收入中服装企业占据大部分。2016年，样本企业主营业务收入2697.36亿元，户均22.1亿元，同比增长6.6%。其中，服装企业主营业务收入2296.2亿元，占比85.1%；家纺企业主营业务收入401亿元，占比14.9%。

调查结果显示，企业平均主营业务收入方面，服装企业是家纺企业的3倍多。2016年，服装企业平均主营业务收入为29.8亿元，家纺企业平均主营业务收入为9.1亿元。

二、利润总额

调查结果显示，服装占据利润主体。2016年，样本企业总利润额204.6亿元，其中服装企业利润占比93.4%，家纺企业利润占比6.6%。

调查结果显示，服装企业平均利润远高于家纺企业平均利润。样本企业平均利润1.7亿元，同比增长13.4%。其中，服装企业平均利润2.5亿元，同比增加15.9%；家纺企业平均利润0.3亿元，同比下降12.9%。

三、利润率

调查显示，样本企业利润率一定幅度提升。2016年，样本企业利润率为7.6%，较上年增加0.5个百分点，2017年上半年，样本企业利润率为7.2%。其中，服装企业利润率为8.3%，较上年增加0.7个百分点；家纺企业利润率为3.4%，较上年下降0.8个百分点。

调查显示，单一生产型及单一渠道型品牌企业利润率不同幅度下降，生产渠道并重型及设计师品牌企业利润率不同幅度增加。2016年，单一生产型及单一渠道型品牌企业利润率分别为6.7%及8.1%，分别较上年下降了0.8个百分点及4.1个百分点；生产渠道并重型及设计师品牌企业利润率分别为8.9%及6.6%，分别较上年增加了2.6个百分点和2.5个百分点。

四、上缴税收总额

调查结果显示，服装企业占据上缴税收总额的主要部分。2016年，样本企业上缴税收总额为140.6亿元，户均1.2亿元，同比增长0.2%。其中，服装企业上缴税收总额127.8亿元，户均1.7亿元，占比90.9%；家纺企业上缴税收总额12.8亿元，户均0.28亿元，占比9.1%。

调查结果显示，仅生产型品牌企业上缴税收总额增加，渠道型品牌、生产渠道并重型品牌及设计师品牌等企业的上缴税额均不同幅度下降。2016年，生产型品牌企业上缴税收总额户均1.1亿元，同比增长10.3%；而渠道型品牌、生产渠道并重型品牌及设计师品牌等企业上缴税收总额分别下降15.6%、9.1%及9.1%。

第三章 2015~2016年品牌管理能力

第一节 商标注册情况

一、国（境）外商标注册

调查结果显示，48.4%的样本企业主在国（境）外注册商标，企业平均在国（境）外注册12个商标。6.6%的企业在国（境）外注册超过50个商标，32%的企业在国（境）外注册商标在12~50个。

二、中国驰名商标

调查结果显示，服装品牌企业拥有中国驰名商标数量较多。2016年，样本企业共拥有中国驰名商标75个，较上年减少3个。其中，服装品牌企业拥有中国驰名商标47个，家纺品牌企业拥有中国驰名商标28个。

调查结果显示，中国驰名商标主要集中在生产型品牌及生产渠道并重型企业。2016年，生产型品牌及生产渠道并重型企业分别拥有37个及35个中国驰名商标。

三、品牌价值

调查结果显示，截至2017年6月，有25家样本企业得到由不同机构评定的品牌价值。2017年，世界品牌实验室评定山花地毯集团有限公司品牌价值为609亿元及红豆集团有限公司380亿元等4家企业的品牌价值。而在国内，工业和信息化部、中国纺织工业联合会、中国品牌建设促进会及中国品牌研究中心等多家机构分别对相关企业开展了品牌价值评定工作。

第二节 快速反应体系建设

一、信息化管理系统应用

调查结果显示，大部分企业已建立完善的信息化管理系统应用（如ERP）。截至2017年上半年，73%的企业已建立完善的信息化管理系统应用。

调查结果显示，偏重渠道型品牌企业信息化管理系统应用比重高。截至2017年上半年，单一渠道型企业已全部建立信息化管理系统应用，85.7%的生产渠道并重型品牌企业已全部建立信息化管理系统应用。

调查结果显示，随着品牌的发展，信息化管理系统应用比重逐步提高。截至2017年上半年，67.6%的成长品牌企业已建立信息化管理系统应用，72.2%的年轻品牌企业已建立信息化管理系统应用，90%的成熟品牌企业已建立信息化管理系统应用。值得注意的是新生品牌，由于创立初期处于信息化发展的期间，其信息化管理系统应用比重比成长型更好，达到70%。

二、危机公关管理体系

调查结果显示，仅有一半的企业建立危机公关管理机构。截至2017年上半年，52.5%的样本企业已建立危机公关管理机构。服装企业建立危机公关管理机构的比重相较家纺企业而言较高。54.5%的服装企业建立了危机公关管理机构，48.9%的家纺企业建立了危机公关管理机构。

调查结构显示，从品牌发展来看，截至2017年上半年，发展20年的成熟品牌企业尤其重视建立危机公关管理机构，70%的成熟品牌企业建立了危机公关管理机构；发展不足20年的品牌企业中，年轻的品牌更加重视建立危机公关管理结构。60%的新生品牌企业建立了危机公关管理机构；50%的成长品牌企业建立了危机公关管理机构；47.2%的年轻品牌企业建立了危机公关管理机构。

第三节　质量/品牌培育管理体系

一、ISO 90001体系

调查结果显示，截至2017年上半年，超过八成（82.8%）样本企业通过ISO 90001体系认证。偏生产型品牌企业通过ISO 90001体系认证比例较高。82.1%的单一生产型品牌企业通过ISO 90001体系认证；89.8%的生产渠道并重型品牌企业通过ISO 90001体系认证。

二、品牌培育管理体系

调查结果显示，企业品牌培育管理体系的运行有效性应进一步提升。截至2017年上半年，74.6%的样本企业表示品牌培育管理体系处于有效运行。从品牌类型方面来看，生产型、渠道型及设计师品牌企业表示品牌培育管理体系有效运行的企业比重均低于平均水平。

三、国际生态技术/产品体系

调查结果显示，截至2017年上半年，仅有26.2%的样本企业通过各种生态技术/产品体系认证。涉及的相关15个机构，包含OEKO—TEX STANDARD 100、SA800体系认证、羊绒国际生态有机认证、CSCC等机构。

四、内部实验室建设

调查结果显示，家纺企业拥有内部实验室的比重高于服装企业拥有内部实验室的比重。截至2017年上半年，78.7%的企业已建立企业内部实验室。84.4%的家纺企业已建立企业内部实验室，75.3%的服装企业已经建立企业内部实验室。

五、社会责任体系

此次调查中，社会责任体系建设情况包括CSC 9000T体系认证、ISO 14001体系认证、OHSAS 18001体系认证三项指标，综合来看，企业对于社会责任的承担越来越多。截至2017年上半年，30.3%的企业通过CSC 9000T体系认证，较2011年调查的比重提升29.3个百分点；64.8%的企业获得ISO 14001体系认证，较2011年调查的比重提升18.4个百分点；45.1%的企业获得OHSAS 18001体系认证，较2011年调查的比重提升25.4个百分点。

六、品牌形象宣传

调查结果显示，服装企业对于品牌宣传力度更大。2016年，样本企业总体宣传推广费用为36.2亿元，同比增长4.9%，企业平均宣传推广费用为2970.5万元，2017年上半年，企业平均宣传推广费用达1415万元。其中，服装企业宣传推广费用33.1亿元，占主营业务收入的1.4%；家纺企业宣传推广费用3.1亿元，占0.8%。

调查结果显示，偏渠道型品牌企业平均宣传推广费用较高。2016年，单一渠道型及生产渠道并重型品牌企业平均宣传费用分别为7836万元及5555万元，较上年分别增长20.5%及4.8%。

第四章　2015~2016年品牌创新能力

第一节　研发设计基础能力

一、研发设计人员

调查结果显示，企业对于研发设计人员重视，研发设计人员在增长。2016年，企业研发设计人员平均为125人，同比增长6.6%。其中，服装企业研发设计人员平均为156人，同比增长8.7%，占职工人数的3.7%；家纺企业研发设计人员平均为73人，同比下降0.5%，占职工人数的6.9%。

调查结果显示，东部地区企业平均拥有研发设计人员数量更多。2016年，企业平均拥有研发技术人员125人。东部、中部、西部地区企业平均拥有研发技术人员分别为185人、65人、83人。

调查结果显示，随着品牌的发展，企业平均拥有研发技术人员逐步提升。2016年，新生品牌、成长品牌、年轻品牌及成熟品牌企业分别平均拥有研发技术人员71人、110人、117人及197人。

二、研发设计投入

调查结果显示，服装企业投入研发设计的费用比重更高。2016年，企业平均投入研发设计3328万元，同比增长6.8%。其中，服装企业投入研发设计4416万元，同比增长7%，占比83.8%；家纺企业投入研发设计1467万元，同比增长6.2%，占比16.2%。

调查结果显示，渠道型及设计师品牌企业对于研发设计投入增长显著。2016年，渠道型及设计师品牌企业投入研发设计金额分别同比增长16.9%及19.9%。

三、研发设计机构

（一）企业自有研发机构

调查结果显示，截至2017年上半年，近九成（86.1%）品牌企业已建立自有研发机构。从品牌类型来看，91.8%的生产渠道并重型品牌企业已建立自有研发机构；86.1%的生产型品牌企业已建立自有研发机构；渠道型及设计师品牌企业均有66.7%的企业已建立自有研发机构。

调查结果显示，截至2017年上半年，企业自有研发机构中评定为省级研发机构的企业比重最高。2016年，企业自有研发机构中，39.6%的为省级研发机构，29.7%的为国家级研发机构，30.7%的为省级以下研发机构。

（二）合作研发设计机构

调查结果显示，企业在国内的合作研发机构数量高于在国外的合作研发机构。截至2017年上半年，企业在国内合作研发机构达到218家，高于在国外的合作研发机构155家。

调查结果显示，东部地区在建设合作研发机构上更加积极，西部地区则需要加大建设力度。截至2017年上半年，东部地区企业平均在国内及国外分别建立合作研发机构2个及1个。

第二节　研发实际成果

一、设计/品牌奖项

调查结果显示，企业在获得设计/品牌类大奖次数方面，国内奖项显著高于国际奖项。截至2017年上半年，企业在国内获得设计/品牌类大奖263次，在国际获得设计/品牌类大奖17次。

调查结果显示，在国内，服装企业获得设计/品牌类大奖次数较多；在国际，家纺企业获得设计/品牌类大奖次数较多。截至2017年上半年，在国内，服装企业获得设计/品牌类大奖164次，占国内获奖总次数的62.4%；在国际，家纺企业获得设计/品牌类大奖12次，占国际获奖总次数的70.6%。

调查结果显示，新生品牌在国际奖项上更具有竞争力。截至2017年上半年，新生品牌在国际获得设计/品牌类大奖13次，占国际获奖次数的76.5%。

二、新品（款式）销售收入

调查结果显示，服装新品（款式）销售收入占据绝对比重。2016年，企业平均完成新品（款式）销售收入8.5亿元，同比增长4.6%。其中，服装新品（款式）销售收入平均为11.7亿元，同比增长7.0%，占主营业务收入的39.2%；家纺新品（款式）销售收入平均为3亿元，同比下降8.7%，占主营业务收入的33.7%。

调查结果显示，东部地区企业新品（款式）平均销售收入水平高于中部、西部地区。2016年，东部地区企业新品（款式）平均销售收入15.1亿元，而中部、西部地区企业新品（款式）平均销售收入分别为1.6亿元及4.6亿元。

三、有效专利成果

（一）有效发明专利

调查结果显示，企业的有效发明专利数量增长显著。2016年，企业共拥有有效发明专利671件，户均6个，同比增长27.8%，2017年上半年，企业拥有有效发明专利数共达712件。分行业看，服装企业共拥有有效发明专利数量增长显著，2016年，服装企业共拥有有效发明专利436件，同比增长37.1%；分发展时间看，成长品牌企业拥有有效发明专利数量增长显著，2016年，成长品牌企业共拥有有效发明专利179件，同比增长61.3%。

（二）有效实用新型专利

调查结果显示，企业的有效实用新型专利数量保持增长。2016年，企业共拥有有效实用新型专利1773件，户均15件，同比增长12.8%，2017年上半年，企业共拥有有效实用新型专利1772件，户均15件。同时，呈现两个特点：首先，服装企业的有效实用新型专利数量增长显著。2016年，服装企业共拥有有效实用新型专利1186件，同比增长19.6%。其次，成长品牌企业拥有有效实用新型专利数减少，年轻品牌企业拥有有效实用新型专利数增长显著。2016年，成长品牌及年轻品牌拥有有效实用新型专利数分别为310件及254件，分别同比下降9.1%及增长29.6%。

（三）有效外观专利

调查结果显示，企业的有效外观专利数量明显下降。2016年，企业共拥有有效外观专利2974件，户均24件，同比下降14.2%，2017年上半年，企业共拥有有效外观专利2952件。其中，服装企业共拥有有效外观专利1168件，同比下降23.7%；家纺企业共拥有有效外观专利1806件，同比下降6.8%。

四、国家/行业标准制定

调查结果显示，截至2017年上半年，仅48.4%的企业曾作为国家/行业标准的起草单位。家纺行业中的企业比重高于服装行业中的企业比重。51.1%的家纺企业曾作为国家/行业标准的起草单位，46.8%的服装企业曾作为国家/行业标准的起草单位。

调查结果显示，成熟品牌企业中曾作为国家/行业标准的起草单位的比重远高于其他发展中的品牌企业比重。截至2017年上半年，80%的成熟品牌企业中曾作为国家/行业标准的起草单位，而在新生品牌、成长品牌及年轻品牌企业中，此比重分别为40%、47.1%及36.1%。

第五章　2015~2016年品牌市场能力

第一节　店面建设

一、非直营店面较多，但直营店增长速度更快

调查结果显示，企业店面建设保持增长，2016年，样本企业共拥有店面6.6亿家，户均540家，同比增长4.3%。其中，直营店面2.1亿家，户均174家，同比增长5.4%，占比32.3%；非直营店面4.5亿家，户均366家，同比增长3.8%，占比67.7%。可见，企业非直营店面较多，但直营店面增长速度更快（表8）。

表8　样本企业店面结构

店面类型	店面数量（家）	同比	占比
直营店	174	5.4%	32.3%
非直营店	366	3.8%	67.7%
合计	540	4.3%	100%

二、服装企业店面较多，但家纺企业增长速度更快

调查结果显示，服装企业店面较多，但家纺企业增长速度更快。2016年，服装企业户均店面数为587家，同比增长0.5%，占比69.5%；家纺企业户均店面数为447家，同比增长14.2%，占比30.5%（表9）。

表9　样本企业分行业平均店面

样本企业行业	户均店面数（家）	同比	户均直营店面数（家）	同比	户均非直营店面（家）	同比
服装	587	0.5%	208	0.5%	387	0.5%
家纺	447	14.2%	117	24%	330	11.1%
合计	540	4.3%	174	5.4%	366	3.8%

三、成熟品牌企业积极建设店面

从品牌年龄来看，成熟品牌企业保持积

极态度建设店面，2016年户均拥有店面1627家，同比增长6.9%，高于平均水平（个别成熟品牌企业申报数据不全，未计入统计范围，下同）。新生品牌企业店面同比增长3.1%，低于平均水平。成长品牌企业店面增长处于低速增长，其直营店面及非直营店面的增长速度不均衡。年轻品牌企业保持一定增长水平，其直营店面增长速度高于非直营店（表10）。

表10　样本企业平均店面按品牌发展阶段比较

品牌发展阶段	户均店面数（家）	同比	户均直营店面（家）	同比	户均非直营店面数（家）	同比
新生品牌	190	3.1%	54	3.5%	136	3%
成长品牌	172	1.2%	34	-3.8%	138	2.5%
年轻品牌	440	4.2%	107	5.4%	333	3.8%
成熟品牌	1627	6.9%	622	8.5%	1005	6%

第二节　销售总额

一、销售金额显著增长

调查结果显示，企业店面销售总额显著增长。2016年，企业户均店面销售总额9.3亿元，同比增长24.1%。直营店和非直营店的销售总额约各占一半（表11）。

表11　样本企业销售情况

店面类型	销售金额（亿元）	同比	占比
直营店	4.6	26.7%	49.5%
非直营店	4.7	21.6%	50.5%
合计	9.3	24.1%	100%

二、单店销售额方面，直营店超出非直营店一倍多

调查结果显示，2016年，品牌企业单店销售金额为172.1万元。其中直营店面的销售金额为263.9万元，较非直营店单店销售金额高105.6%（图12）。

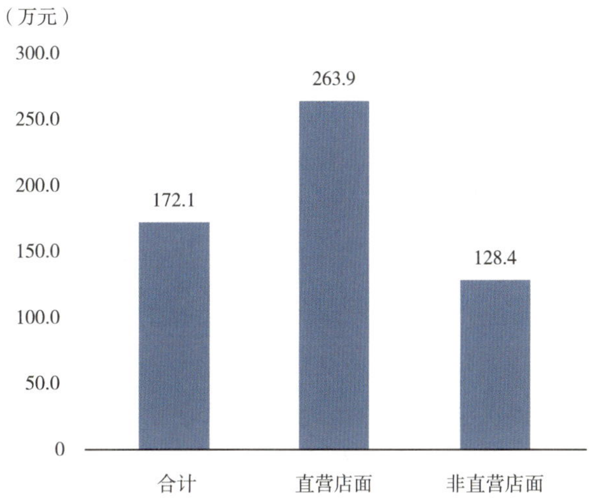

图12　样本企业单店销售金额

三、服装店面销售金额增长，家纺店面销售金额下降

调查结果显示，2016年，服装店面销售金额户均达13亿元，同比增长30.4%。其中，直营店与非直营店的销售金额各约占一半，均保持较高的增长，增速分别为33.5%及27.4%。

2016年，家纺店面销售金额户均为2.9亿元，同比下降9.2%。其中，非直营店销售金额为1.6亿元，同比下降6.8%，占比56%。家纺企业在销售金额方面出现明显下降。

服装企业单店销售金额高于家纺企业单店金额。2016年，直营店方面，服装企业单店销售额314.4万元，家纺企业单店销售额110.2万元；非直营店方面，服装企业单店销售额168.5万元，家纺企业单店销售额55.1万元（表12）。

表12　样本企业分行业平均销售情况

样本企业行业	直营店（万元）	同比	非直营店（万元）	同比
服装	314.4	33.5%	168.5	27.4%
家纺	110.2	-12.0%	55.1	-6.8%
合计	263.9	26.7%	133.2	21.6%

四、新生品牌店面销售金额成倍增长

调查结果显示，从品牌企业发展来看，初创的新生品牌企业及成熟品牌企业占据销售金额的大部分。2016年，新生品牌企业店面销售额同比增长4倍多，占比24.3%；成熟品牌企业店面销售额同比下降1.3%，占比51.5%。

成长品牌及年轻品牌的直营店单店销售金额远高于其非直营店单店销售金额。2016年，成长品牌及年轻品牌直营单店销售额分别为388.4万元及204.4万元，而其非直营店单店销售额分别为51.5万元及85.5万元（表13）。

表13　样本企业平均销售金额按品牌发展阶段比较

品牌发展阶段	直营店（万元）	同比	非直营店（万元）	同比
新生品牌	1090	326.2%	488.5	549.4%
成长品牌	388.4	11.2%	51.5	1.7%
年轻品牌	204.4	29.9%	85.5	-3.3%
成熟品牌	206	-0.5%	141.7	-2.0%
合计	268.9	29.0%	137.9	24.1%

第三节　销售数量及产品单价

一、总体销售数量增长，但非直营店销售数量下降

调查结果显示，2016年，企业店面产品户均销售253万件/套，同比增长7.5%。其中，直营店与非直营店的销售数量基本持平。但非直营店的销售数量呈现小幅下降，同比下降0.2%；直营店的销售数量呈现显著增长，同比增长16.6%（表14）。

表14　样本企业产品销售数量（单位：万件/套）

店面类型	销售数量（万件/套）	同比	占比
直营店	126	16.6%	49.8%
非直营店	127	-0.2%	50.2%
合计	253	7.5%	100%

二、服装直营店销售数量增长显著，家纺非直营店销售数量增长显著

调查报告显示，2016年，服装店面户均销售313万件/套，同比增长9.6%，占比78.1%；家纺店面户均销售150万件/套，同比仅增长0.7%，占比21.9%。

调查报告显示，在服装店面销售数量上，直营店增长显著，非直营店下降。2016年，服装直营店同比增长22.7%，非直营店同比下降2.3%。在家纺店面销售数量上，非直营店增长显著，直营店下降。2016年，家纺直营店同比下降7.3%，家纺非直营店同比增加6%（表15）。

表15　样本企业分行业产品销售数量

样本企业行业	合计（万件/套）	同比	直营店（万文件/套）	同比	非直营店（万件/套）	同比
服装	313	9.6%	167	22.7%	146	-2.3%
家纺	150	0.7%	55	-7.3%	95	6.0%
合计	253	7.5%	126	16.6%	127	-0.2%

三、服装产品单价明显高于家纺产品单价

调查结果显示，企业产品总体单价为367.5元/件/套，非直营店价格略高于直营店产品单价。

调查结果显示，在服装产品单价方面，非直

营店高于直营店。2016年，服装非直营店产品单价为444.3元/件，高出直营店产品单价53.1元/件；在家纺产品单价方面，直营店高于非直营店。2016年，家纺直营店产品单价232.3元/套，高出非直营店产品单价59.3元/套（表16）。

表16 样本企业分行业产品销售平均价格

样本企业行业	合计	直营店	非直营店
服装	415.9	391.2	444.3
家纺	194.8	232.3	173
合计	367.5	365.4	369.6

四、随品牌发展，直营店与非直营店产品单价逐步趋向一致

调查结果显示，企业发展处于不同阶段，其直营店与非直营店的价格差距随着时间的发展，逐步趋向一致。2016年，在直营店与非直营店产品单价差距方面，新生品牌、成长品牌、年轻品牌及成熟品牌的单价差距分别为965.2元/件/套、775.6元/件/套、160.8元/件/套及32.7元/件/套（表17）。

表17 样本企业产品销售平均价格按品牌发展阶段比较

品牌发展阶段	合计	直营店	非直营店
新生品牌	1409.5	2058.9	1093.7
成长品牌	235.5	169.2	944.8
年轻品牌	497.4	599	438.2
成熟品牌	270.9	288.6	255.9
合计	368.8	370.9	366.9

第四节 销售利润

一、非直营店利润总额增长更快

调查结果显示，2016年，企业获得利润159.1亿元，户均1.3亿元，同比增长44.9%。其中直营店利润总额73.4亿元，户均0.6亿元，同比增长26.5%；而非直营店利润总额达到85.7亿元，户均0.7亿元，同比增长65.5%，远高于直营店利润总额增速。企业平均利润率达14%。其中，非直营店利润率为16%，较直营店利润高1.9个百分点（表18）。

表18 样本企业户均利润总额

店面类型	利润额（亿元）	同比	占比
直营店	0.6	26.5%	46.1%
非直营店	0.7	65.5%	53.9%
合计	1.3	44.9%	100%

二、营业面积与坪效

（一）营业面积在缩减，尤其非直营店面面积

调查结果显示，2016年，企业店面营业面积户均4.1万m^2，同比减少4.6%。其中直营店面营业面积1.6万m^2，小幅增长2.4%；非直营店面营业面积2.5万m^2，大幅下降8.7%（表19）。

表19 样本企业营业面积

店面类型	营业面积（万m^2）	同比	占比
直营店	1.6	2.4%	39.3%
非直营店	2.5	-8.7%	60.7%
合计	4.1	-4.6%	100%

（二）服装店面面积缩小，家纺非直营店面积小幅增长

调查结果显示，服装店面面积缩小，家纺店面面积增加。2016年，服装店面面积5万m^2，同比减少6.3%；家纺店面面积2.4万m^2，同比增加2%。

在非直营店面面积总体缩小的环境下，家纺非直营店面面积实现小幅增长，2016年同比增长1%（表20）。

表20 样本企业分行业营业面积

样本企业行业	合计（万m^2）	同比	直营店（万m^2）	同比	非直营店（万m^2）	同比
服装	5	-6.3%	2.3	1.9%	2.8	-12.2%
家纺	2.4	2.0%	0.4	7.1%	2	1%
合计	4.1	-4.6%	1.6	2.4%	2.5	-8.7%

（三）服装店面坪效显著增长，家纺店面坪效下降

调查结果显示，2016年，企业坪效2.3万元/m^2，同比增长2.9%。直营店坪效高于非直营店坪效，但其直营店坪效增速低于非直营店坪效增速。2016年，直营店坪效2.9万元/m^2，同比增长23.7%；非直营店坪效1.9万元/m^2，同比增长33.2%。

调查结果显示，服装店坪效高于家纺店坪效。2016年，服装店坪效2.6万元/m^2，较家纺店坪效高出116.7%。服装企业的直营店及非直营店的坪效相差不大，分别为2.9万元/m^2及2.4万元/m^2；家纺企业的直营店及非直营店坪效差距明显，分别为3万元/m^2及0.8万元/m^2（表21）。

表21 样本企业店面坪效

样本企业行业	合计（万件/m^2）	同比	直营店（万件/m^2）	同比	非直营店（万件/m^2）	同比
服装	2.6	39.2%	2.9	31.0%	2.4	45.1%
家纺	1.2	-11.0%	3.0	-17.9%	0.8	-7.8%
合计	2.3	30.1%	2.9	23.7%	1.9	33.2%

第五节 网络渠道

一、服装企业积极开拓网络销售渠道，增长显著

调查结果显示，网络渠道销售金额稳定增长。2016年，企业通过网络渠道销售金额户均达0.8亿元，同比增长22.7%。其中，服装企业通过网络渠道销售金额达1.1亿元，同比增长25.0%；家纺企业通过网络渠道销售金额达0.3亿元，同比增长9.5%。

二、家纺企业网络渠道销售金额占比增加

调查结果显示，企业网络渠道销售金额占总销售金额的比重略有下降。2016年，企业网络渠道销售金额占总销售金额的比重为8.5%，较上年下降0.1个百分点。其中，家纺企业网络渠道的销售金额占家纺企业销售金额的比重有所提升，2016年为9.9%，较上年增加1.7个百分点；服装企业这一比重为8.3%，较上年下降0.4个百分点。

第六节 国际市场

一、海外布局网点的企业有所减少

调查结果显示，2016年，仅有36家企业在海外不同国家地区建立销售网点，较上年减少4家企业。结合企业在海外建立销售网点的布局范围来看，大部分企业会在10个以下的国家/地区建立销售网点。2016年，44.4%的企业在海外国家和地区建立3个及以下的销售网点；30.6%的企业在海外国家和地区建立4~10个的销售网点（表22）。

表22 样本企业海外销售网点情况

海外销售网点数量（个）	企业数（个）	占比
≤3	16	44.4%
4~10	11	30.6%
11~30	6	16.7%
≥31	3	8.3%
合计	36	100%

二、仅约两成企业独立或参控股销售公司

调查结果显示，截至2017年上半年，21.3%的企业独立或参控股销售公司。相较而言，企业独立或参控股销售公司的比重中，服装企业低于家纺企业。2016年，服装企业中，18.2%的企业独立或参控股销售公司；家纺企业中，26.7%的企业独立或参控股销售公司。

三、海外宣传推广活动应更加积极

调查结果显示，截至2017年上半年，仅有44.3%的企业在海外进行宣传推广活动。相较而言，家纺企业在海外进行宣传活动更为积极。2016年，48.9%的家纺企业在海外进行宣传推广活动，41.6%的服装企业在海外进行宣传推广活动。

第七节　客户服务

一、近八成企业建立客户管理系统

调查结果显示，截至2017年上半年，76.2%的企业已建立客户管理系统。相较而言，服装企业建立客户管理系统的比重高于家纺企业。2016年，77.9%的服装企业已建立客户管理系统；73.3%的家纺企业已建立客户管理系统。

二、近八成企业建立产品售后服务体系

调查结果显示，截至2017年上半年，78.7%的企业已建立产品售后服务体系。相较而言，家纺企业建立产品售后服务体系的比重高于服装企业。截至2017年上半年，80%的家纺企业已建立产品售后服务系统；77.9%的服装企业已建立产品售后服务系统。

专题篇

链式创新

纺织服装供应链诚信与产业协同的价值探索

中国纺织工业联合会会长　孙瑞哲

当前，中国纺织工业正处于由大而强、转型升级的关键时期，行业发展经历着增长速度变化、产业结构调整、发展动力转换的“新常态”。面临新的发展环境，纺织服装供应链呈现出一些新的变化。在这样的背景下，如何提升供应链效率已成为亟待破解的产业课题。信用是市场经济的基石。提升供应链上各主体的信用能够有效降低交易成本、提升运营效率、强化协同能力、增进市场认可，最终实现价值增值。供应链诚信与协同问题正受到行业越来越广泛的关注。

一、纺织服装供应链所处的发展环境

纺织服装供应链依存于纺织行业而生，并成为行业发展的血脉。经过几个历史阶段的发展，中国已成为世界上最大的纺织品服装生产国、出口国和消费国，中国纺织工业取得了举世瞩目的发展成就。在新的历史起点上，面向建成纺织强国的宏伟目标，中国纺织行业需要直面三个矛盾，即创新发展与转型升级之间的矛盾、产能结构与有效需求之间的矛盾、环境约束与经济发展之间的矛盾；协调好三个关系，即产业与社会、环境、消费的关系；必须经历三个转变，即传统产业向科技产业、时尚产业、绿色产业转变；并最终构筑三个板块：贯穿全产业链加工的制造产业板块；以高品质高性能纤维、产业用纺织品、高端智能制造为代表的科技产业板块；以服装、家纺品牌为代表的时尚产业板块。

（一）中国纺织工业的发展成就

中国纺织工业经过多年的发展，已经构筑了坚实的基础，形成了良好的局面。一些数据与事实足以反映出这些年来行业发展取得的巨大进步。

2015年，规模以上纺织企业（不含纺织装备企业）人均主营业务收入达到72万元，比2011年提高41%，而同期规模以上工业企业人均主营业务收入提高24%。2015年，规模以上纺织企业（不含纺织装备企业）人均利润总额比2010年提高26%，而同期规模以上工业企业人均利润总额提高1.1%。

2000~2015年的15年间，生产纯棉32支纱按照销售收入计算的纺纱全员劳动生产率从11万元/人年提升到53万元/人年，按产量计算的纺纱劳动生产率从5.6吨/人年提升到了27吨/人年；产业用纺织品纤维加工量占比从12.78%上升到25.3%，2016年更是提高至26.75%；棉纺无梭织机占比从7.69%提升至68.64%；棉纺万锭用工人数从250人降到60人，2016年更是减至6人。

印染行业发展从规模向质效转变，规模以上企业印染布产量由2010年的601.65亿米减少到2015年的509.53亿米，年均增长-3.27%；主营业务收入由2010年的2777亿元提高到2015年的3906.53亿元，年均增长7.06%；利润总额由2010年的134.37亿元提高到2015年的202.63亿元，年均增长8.56%。

作为行业技术进步的标志之一，2010~2016年纺织机械出口额年均增速9.2%，比同期纺织品服装出口年均增速高5个百分点。另外，纺织工业中等规模以上企业信息化应用比率已超过70%，行业大规模个性化制定模式已有近200家企业在尝试。

（二）中国纺织工业的当前地位

从经济发展看，纺织工业作为国民经济支柱产业的作用充分显现。2016年规模以上企业主营业务收入73302.26亿元，占工业比重为6.37%；利润总额4003.57亿元，占工业比重为5.8%；税金2146.53亿元（2015年），占工业比重为4.3%；投资总额12838.75亿元，占制造业比重为6.84%；纺织品服装出口额2701.2亿美元，占全国货物出口比重为12.88%。

从产业格局看，中国纺织工业作为国际竞争优势产业的地位日渐突出。据国家统计局、中国纺织工业联合会产业经济研究院数据，2016年中国纤维加工量5420万吨，占世界的比重为53.47%。2015年，纺织品服装出口额2828.99亿美元，占世界的比重为38%，中国在世界纺织品服装贸易中的份额并未因为出口负增长而降低。

从发展成果看，中国纺织工业作为重要民生产业的定位更加明晰。2016年限额以上服装鞋帽、针纺织品零售额14433亿元，占限上消费品零售额比重为9.95%，服装家纺网络销售交易额9850亿元，占全国网络零售市场交易额比重为23.51%。

（三）中国纺织工业的发展新特点

目前，中国纺织工业正处于转型升级的关键节点——增速放缓、成本上升，符合经济发展的客观规律，并呈现出新的发展特点。

1. 结构调整呈现新局面

2016年，行业在产业结构、产品结构、区域结构等方面的优化调整取得了较好的成绩。产业用纺织品行业利润总额同比增长8.3%，销售利润率为6.2%，行业新增长极的作用日渐凸显；服装、家纺行业品质提升与品牌建设取得成效，全年销售利润率分别达5.8%和6.2%，高于行业平均水平。西部特别是新疆纺织产业发展迅猛，2016年新疆纺织固定资产投资额占同期西部地区总量的36.8%。

2. 技术演进带来新契机

智能制造、材料技术、绿色制造等引领性技术相辅相成，成为行业变革的重要动力。

智能制造，带来了生产效率、制造柔性的大幅提升。棉纺智能化纺纱生产线、自动化全成型针织生产线、印染在线监测自动配送系统、化纤自动包装、服装智能仓储系统等已实现应用。

材料技术，特别是高品质、高性能、生物基纤维制备技术和产业化技术的发展，保障了行业原料供应，推动了产品品质提升与品种丰富，例如石墨烯材料在智能服饰中已经得到应用。

绿色制造，推动了资源环境的有效利用，针织物平幅染整、高速数码印花等都有所突破，例如国内已建成了1000L复式超临界二氧化碳无水染色项目示范生产线，整个染色过程实现无水消耗。

3. 模式创新注入新活力

以场景经济、娱乐经济、共享经济为代表的“新经济”，不断丰富着行业的价值创造模式。业内许多公司都在积极探索实践，通过新的生产方式和新的商业模式，加速契合新的生活方式和消费文化。

场景经济通过丰富经营场景、提升消费体验来创造价值。例如，将虚拟现实技术（VR）与时装秀、电子商务、量体裁衣等结合，通过经营具有革命性的交互系统与具沉浸感的用户体验，增加企业流量。

娱乐经济将消费者对产品的需求从有用延伸到有趣。例如，网红经济，智能服装、C2B模式等，通过增加趣味来创造需求。

共享经济是通过分享产品、分享产能、分享创意等方式，实现闲置资源的再利用。例如，淘工厂、南极电商、Threadless等均取得良好的成效。

4. 转型升级面临新挑战

从全球市场看，行业贸易环境日渐复杂，经济复苏和缓。美国退出跨太平洋伙伴关系协定（TPP）等“黑天鹅”事件对于行业影响正逐步释放，日渐增多的区域贸易协定增加了贸易的复杂性，贸易保护主义抬头、“逆全球化”趋势开始显现，外汇市场与大宗商品市场相互影响波动加剧，加上欧洲大选之年来临等因素，行业发展的不确定性在增强。

从国内环境看，行业前期发展中积累的供给侧，结构性问题正日趋凸显。从成本格局看，受技术革命、资金成本、原料价格、能源价格、政策环境等因素影响，行业综合成本优势在逐渐弱化，受到了来自发达国家和发展中国家的双重压力。从供需结构看，部分领域产能过剩和有效需求之间的矛盾较为突出，产品同质化现象严重。从资源环境看，行业发展所面临的国家环保管控和环境资源约束的压力在逐渐增大。从发展动力看，创新发展和路径依赖之间的矛盾较为严重，科技成果转换率较低、创新成本较高。

二、纺织服装供应链新变化

（一）跨国布局日趋显著

供应链跨国布局势不可挡。据英国《金融时报》报道，来自不同地方的中间产品和服务经由全球供应链进入成品生产。全球供应链在全球贸易中的占比接近80%，其中包括约12万亿美元的中间产品和服务贸易。

概莫能外，中国纺织工业“走出去”的步伐也在加快。据商务部统计，2016年，中国纺织工业整体对外直接投资创下历史新高，同比增长89.3%，达26.6亿美元。在越南的棉纺产业布局以及在非洲埃塞俄比亚的纺织产业链合作是2016年纺织行业“走出去”的亮点。

目前，纺织服装供应链布局主要集中在原料资源、设计研发资源、品牌资源以及市场渠道资源上。中国企业走出去的模式正在逐步由“产品走出去”“企业走出去”转向“产业集群走出去”，以降低投资风险和成本、规避贸易摩擦、并且在没有形成产业集群效益的国家获得先发优势。

渣打银行的一项研究指出，未来10年，全球供应链性质的改变将重塑全球贸易格局。作为全球商品最大供应源头，中国将剥离很大一部分低成本制造业。这意味着，中国纺织服装供应链的全球布局在实现规模化发展的同时，也将不断优化升级。

当然，走出去有机遇也有风险。一方面，逆全球化和逆区域经济一体化的思潮和行动正在抬头，行业利益全球拓展受到威胁；另一方面，在行业跨国布局加快发展的过程中，国内产业空心化的苗头也有所显现。

（二）成本压力更加突出

中国纺织行业成本主要由生产要素成本、税负成本和融资成本构成。整体看来，纺织行业成本水平在工业领域中居于靠前的位置，成本压力依然较大。

在生产要素成本方面，除劳动力成本外，能源成本一直居高不下。当前我国的电价是越南、美国等地的近两倍；实施“煤改气”后，印染等以燃煤为主的纺织企业燃料动力总成本提高到原来的两倍左右。

在税负成本方面，近年来，我国纺织企业综合税负成本增长较快，其中流转税（增值税）对行业影响更大。据测算，2015年，我国规模以上（简称规上），纺织企业税负（含主营业务收入税金及附加、应交增值税）占主营业务收入的比重为3.07%，较2010年税负占主营业务收入的比重提高10.8%。据中国纺织工业联合会估算，2010~2015年，中国纺织工业规模以上企业利润率水平也仅增长了10%左右。从分行业的情况看，化纤制造业、纺织业、纺织服装服饰业的税负占主营业务收入的比重分别为2.16%、3.01%和3.42%，越接近产业链终端，税负比重越高。

我国纺织企业主要是以中小企业为主，行业融资难、融资贵的问题更为突出。与大型企业相比，中小企业的资金来源成本更高、资金运用成本更高、资金中介成本更高。从利率本身看，与发达国家相比，我国一年期基准存贷款利率也处于较高水平。从现实环境看，中小企业为主体的行业企业由于内外因素，普遍面临贷款门槛高、环节多、手续繁杂等困境。

国家统计局数据显示，与其他主要消费品行业百元主营业务收入成本相比较，纺织行业只低于农副食品加工业（表23）；与其他领域重点行业的百元主营业务收入相比较，只有有色金属冶炼及压延加工业、黑色金属冶炼及压延加工业比纺织行业高，其他均低于纺织行业（表24）。

表23　2016年纺织行业与其他消费品行业成本水平比较

行业	主营业务收入（亿元）	主营业务成本（亿元）	百元主营业务收入成本费（元）
纺织行业	72137.60	63762.20	88.39
医药制造业	28062.90	19813.80	70.60
通信设备、计算机及其他电子设备制造业	98366.40	86739.80	88.18
食品制造业	23619.20	18929.60	80.14
橡胶和塑料制品业	32360.20	27951.20	86.38
酒、饮料和精制茶制造业	18414.80	13893.00	75.44
木材加工及木、竹、藤、棕、草制品业	14703.70	12882.50	87.61
家具制造业	8559.50	7267.30	84.90
农副食品加工业	68952.20	61722.90	89.52
造纸及纸制品业	14687.40	12746.50	86.79
皮革、毛皮、羽毛及其制品和制鞋业	15118.80	13158.10	87.03
文教、工美、体育和娱乐用品制造业	16696.10	14605.10	87.48
烟草制品业	8692.10	2482.60	28.56

注　数据来源：国家统计局。

表24　2016年纺织行业与其他领域重点行业成本水平比较

行业	主营业务收入（亿元）	主营业务成本（亿元）	百元主营业务收入成本费（元）
纺织行业	72137.60	63762.20	88.39
汽车制造业	80185.80	67061.70	83.63
仪器仪表制造业	9355.40	7596.70	81.20
电气机械及器材制造业	73357.70	62343.40	84.99
金属制品业	38443.40	33620.30	87.45
化学原料及化学制品制造业	87707.10	75280.00	85.83
石油加工、炼焦及核燃料加工业	34264.70	26541.10	77.46
金属制品、机械和设备修理业	988.40	839.60	84.95
有色金属冶炼及压延加工业	53911.10	49930.40	92.62
非金属矿物制品业	61862.70	52994.40	85.66
专用设备制造业	37376.90	31612.50	84.58
通用设备制造业	47870.30	40515.40	84.64
铁路、船舶、航空航天和其他运输设备制造业	16408.00	14090.00	85.87
石油和天然气开采业	6470.30	5524.60	85.38
黑色金属冶炼及压延加工业	63174.30	57872.90	91.61
煤炭开采和洗选业	23178.50	18595.60	80.23

注　数据来源：国家统计局。

（三）运行效率明显提升

纺织服装供应链“智能化”是大势所趋。以移动互联、物联网、云计算、人工智能、虚拟现实、区块链为代表的信息技术正在深度融入纺织供应链，改变着包括设计、织造、配送、营销等在内的各环节，使得运行效率得到明显提升。智能制造作为行业智能化的重点，正成为中国纺织工业质效提升、转型升级的关键驱动力。从发展路径来看，纺织服装业推进智能制造，主要从产品设计智能化、关键工序智能化、供应链优化管控等方面着手，推进纺织服装行业智能制造单元、智能生产线、智能车间、智能工厂建设；同时积极培育新型生产方式，推进智能制造应用示范，不断探索大规模个性化定制、云制造等新型制造模式。

智能制造带来新面貌。在纺织服装供应链的运行中，数字化、智能化装备开发应用，智能化车间（生产线）建设投产，以大规模定制为代表的模式创新大量涌现，使得行业劳动密集型的特征开始弱化，行业发展出现了新气象。

智能制造带来新实效。信息技术与纺织行业的融合，对缓解用工成本压力、提高劳动生产率、提升产品质量、提高节能减排水平等方面具有一定的效果和作用。

智能制造带来新机遇。智能制造整体实现虽然为时尚早，但很多模块已经可以投入应用。埃森哲近期对全球1400多名商业领袖的一项调查发现，84%的受访者相信产业物联网有助于发掘新的收入增长点，但73%尚无具体实施方案，制定了全面战略规划及进行了配套投资的仅占

7%——这意味着，智能制造在中国纺织工业真正得到有价值的投入与推广，存在巨大的空间。

目前，很多纺织企业已经开始了智能制造的探索，并取得明显成效。例如，华纺股份有限公司在智能物料、智能产品、智能制造与自我进化四个层面进行转型升级，提高运行效率。如意集团智能化生产主要表现在棉纺设备在线监控和管理、数字化印染、服装智能制造等方面。鲁泰集团采用了与康平纳合作开发的年产10000吨全自动筒子、经轴、纱染色系统，实现了纱线经轴的中控染色、智能配送，从而大大降低了人员数量，由过去的220人降到目前的160人，效率提高了30%左右。

（四）终端渠道加速弥合

电子商务发展迅猛，潜力巨大。中国消费者数字程度化高，网络购物的消费者增长速度远高于其他国家，消费品部分品类已达到50%以上的线上渗透率。中国纺织工业联合会流通分会数据显示，2016年纺织服装电子商务交易总额为4.45万亿元，同比增长20.27%，占全国电子商务交易总额的20.23%。其中，纺织服装企业间（B2B）电子商务交易额为3.45万亿元，同比21.05%；服装家纺网络零售总额合计为9850亿元，同比增长18.53%，占全国实物商品网络零售总额的23.51%。

在信息技术不断发展，网络生态不断完善的背景下，纺织服装行业线上线下渠道在加速弥合，纺织服装供应链呈现“虚实共生”的现象。基于两者的加速融合，有效设计、平衡线上与线下的群体错位与流量转换，正成为“新零售”针对不同需求，在空间和时间的双重意义上、于融合中实现“增量”的有效途径。行业内已经有了不少很好的实践。

茵曼千城万店计划起源于2015年7月，旨在布局线上线下全渠道，主要从两条战线进入线下，一条是在二三线城市实施千城万店的加盟计划，另一条是在一线城市进军新世界百货和银泰等高档购物中心。截至2016年，该项目线下店销售额近2亿元，门店数量超过300家，并覆盖全国23个省份。

GXG在“双十一”活动期间线上线下同时开启“万店同庆”活动，为线下门店带去线上流量。同时，线上消费者在“双十一”前可以前往门店试穿，试穿满意付定金锁定自己的商品，“双十一”当天在家付尾款。耐克（NIKE）开发的线上产品Nike+ Run Club，通过社交网络不断吸引消费者加入，进而实现精准广告投放，根据运动人群地理位置信息优化线下门店位置，设计更贴合消费者需求的产品。

（五）消费升级势在必行

消费升级，势所必然。波士顿的报告显示，以城镇居民可支配月收入划分（不考虑农村家庭情况），预计到2020年，上层中产及富裕阶层的城镇家庭数量将达到1亿，占比达到30%。从消费规模来看，2015年，上层中产及富裕阶层的消费额约1.3万亿元，占比40%；到了2020年，预计这两个数字分别提升为约3万亿元及55%。

在新型城镇化推进、我国居民收入增长、中高收入阶层崛起的推动下行业消费需求正由以“物美价廉”为代表的生活消费需求向以“品质卓越”和“体验丰富”为代表的品质消费需求和体验消费需求转变，高品质产品、高品质服务的消费潜力巨大。根据普华永道发布的《2017年中国零售电商白皮书》，品牌和品质已经成为2016年中国消费者网购考虑的最主要的两个因素。据预测，到2020年，我国GDP和城乡居民人均收入比2010年翻一番，衣着消费支出将至少有6600亿元的增量空间。不断深化的消费升级，为行业发展带来巨大潜力。

国家推进供给侧结构性改革，深入实施“‘三品’战略”，制定实施了一系列的政策，如《国务院办公厅关于开展消费品工业“三品”专项行动营造良好市场环境的若干意见》《2017年消费品工业“三品”专项行动计划》。这些工作正是对消费升级，很好的映照与有力应对。

（六）责任发展绿色为先

十八届五中全会提出创新、协调、绿色、开放、共享的发展理念，“五大”发展理念是可持续发展的内在价值，为企业社会责任发展提出了新要求与战略方向。

工业和信息化部2016年公布了《工业绿色发展规划（2016~2020年）》，提出到2020年，绿色发展理念成为工业全领域全过程的普遍要求，工业绿色发展推进机制基本形成，绿色制造产业成为经济增长新引擎和国际竞争新优势，工业绿色发展整体水平显著提升。

新理念下实现绿色发展，纺织行业应该在人本责任、环境责任、市场责任的基础上加快构建绿色制造体系。人本责任就是要推进企业在满足对员工、消费者的责任的同时，保障行业生产力，满足服务对象的需求。环境责任就是要推进企业在治污、节约资源和减排的同时，提高产品的品质内涵，保障行业未来的发展空间。市场责任就是推进企业在强化市场运行效率的同时，保障市场系统的公平性。

打造绿色制造体系，就是要以绿色设计、清洁生产、绿色物流、绿色营销为重点，优化供应链，增强绿色精益制造能力，开发绿色产品，创建绿色工厂，建设绿色园区，完善绿色制造支撑体系；制定行业绿色生产标准，提升产品质量、行业信誉和品牌度；依托信息平台，完善数据驱动的产品生命周期管理，将环保设计、循环经济理念融入纺织产品生命周期的各个阶段；促进清洁生产技术的普遍应用，引导突破一批废旧纺织品回收利用关键共性技术，促进循环利用纺织纤维量占全部纤维加工量比重继续增加。

三、纺织服装供应链诚信机制的建立

诚信，是宏观的顶层规划，更是微观的制度设计。诚信，是行业的道德伦理，更是产业的运营技术。

诚信是企业经营之本，是行业构筑良好供应链生态的必备要素。供应链诚信机制需要多利益相关方的共同努力，需要政府、行业、企业与社会各司其职、协同合作。

（一）政府层面

在市场体制不完善、社会和企业诚信机制不健全等情况下，政府要通过制定政策、法律、制度形成一系列的规则来规范和调整经营行为。

在宏观层面，政府应尽快明确与制定符合主流价值判断与社会共同利益的诚信体系。在微观层面，从经济管理职能的角度出发，政府要给市场提供一种规则，使市场上的经济主体包括其自身都能按照规则进行活动，使市场有序运转。

外部宏观环境因素的制度主要是法制。在市场经济条件下，法制与诚信是相互补充、相互支持的，健全的法制既是诚信规范的前提和基础，又为诚信规范的确立提供了最基本的保障。目前，市场经济下针对诚信行为存在的问题主要有以下几个方面。

（1）法制不健全，导致经济发展过程中出

现的一些新情况、新问题没有明确的法律条文和法规，这样对企业的违法行为得不到有效的监督和约束，有的企业甚至专门寻找法律的空白来谋求自身的利益。

（2）有法不依，执法不严，这对于不遵守诚信规范、假冒伪劣、违反合同、拖欠赖账等企业的不诚信行为，不给予法律处罚或打击不力，也助长了企业的不诚信行为。

因此，需要健全法律制度，依靠法律的力量，规范市场行为，对任何破坏市场诚信的行为，追究相应的法律责任，加大企业不诚信的代价和成本。

国家正在为解决这些问题做着努力，相关的法律法规也在不断完善，如《国务院关于推进资本市场改革开放和稳定发展的若干意见》（加强法制和诚信建设，提高资本市场监管水平）《中华人民共和国公司法》《中华人民共和国合同法》《中华人民共和国证券法》《中华人民共和国证券投资基金法》《证券公司监督管理条例》等。

（二）行业层面

行业协会与相关组织对于行业诚信机制的建立有着重要的推动作用，应加快通过推动政策落实、建立行业标准、提供平台服务来促进整个行业供应链的可持续诚信运作，以“共商、共建、共享”为原则，打造变“人治”为“法治”的供应链。

一是要促进执行，推动国家相关政策和法规在企业的落实，帮助企业构建诚信可持续供应链。

二是要建立标准，通过在行业内建立准则，将诚信融入其中，帮助企业间达成共识性标准，从而降低行业运行成本，提高行业运行效率。

三是要做好平台服务，在行业内进行相应的评估鉴定工作，例如，国家相关部门与行业协会联合对企业进行信用评级，并在全国行业信用公共服务平台进行公示与查询。

（三）企业层面

诚信是企业的价值观之一，企业主要活动领域是经济领域，诚信是一种被法律规范的经济行为和经济能力，这种经济领域的诚信表现即“信用”。

企业信用管理可从信用登记制度，信用评估制度以及信用风险管理制度三方面入手。具体措施：第一，建立企业信用管理制度。该制度管理范围包括客户资信、内部信用风险评估、中间商的管理与评价等。第二，完善企业信用披露制度。尽量减少市场交易双方信息不对称状况，这是建立企业诚信体系的关键。第三，增强企业信用遵法制度。将遵法守信纳入企业的管理中，融入企业文化里。

（四）社会层面

社会文化是企业生存和发展的“软环境”，它决定供应链企业存在的文化氛围，良好的软环境能推动供应链的顺畅高效发展。社会文化中的社会舆论具有导向和调节作用。通过揭露违背诚信的现象，对行为进行制约与监督，通过评价社会关注的现象、引导形成正确的观念，调节行为使之符合道德要求。

诚实守信的道德观念是社会共同价值观的重要内容之一。强化对诚信的社会共识，有助于进一步增进主体以诚实守信的原则进行社会实践的凝聚力，有助于将企业利益与社会利益相统一。

具体而言，要注重消费者文化培养，从消费者端形成对于企业诚信的知情权与监督权，从而倒逼企业重视诚信系统的建立。也要注重社会媒体宣传推广，在社会大众群体中形成诚信社会与诚信经济的氛围。还要重视其他推动因素，例如政府、行业协会外的其他社会机构如非政府组织（NGO）等对于诚信机制形成的推动。

四、供应链诚信与产业协同

协同，是个性特质的单点突破，更是多样生态的能力整合。协同，是组织效率的系统集成，更是利益平衡的有序链接。供应链诚信机制的建立，将有效发挥产业协同的效应，具体表现为：信息共享、管理协同、利益互赢三个角度。

（一）信息共享

供应链诚信机制促进纺织服装产业链的协同，主要体现在信息共享在贸易层面与产品层面的作用。

1. 贸易层面

在贸易层面，信息在供应商与采购商之间的共享，是信息在供应链上传递的重要渠道，通过信息披露、信息传递、信息决策，构建“可视化”供应链，提高供应链运行效率与生态健康。

在信息披露环节，主要是披露产品信息，包括制造产品的数量、所处状态（生产中、储存中、运输中）、产品市场反响度等。信息传递，即产品信息在供应商与采购商间的传递，诚信的信息加以合理、高效的传递渠道，可以提升整个供应链的整体效率。信息传递的最终目的是推动供应链上的企业针对各自的生产、运营和贸易等市场行为做出快速合理的决策。

“牛鞭效应”是供应链中的老问题，产生于各环节信息的不对称。将信息在贸易层面共享，通过把信息传递渠道由线性结构变为网状结构、采用信息技术消除延迟、及时掌握物流状态、依据流通情况及时做出调整，可以缓解“牛鞭效应”。

2. 消费层面

在消费层面，消费者对于企业与产品信息有知情权与监督权，保护消费者权益也是供应链诚信在供应链下游的表现。消费者驱动促进产品原料信息、生产信息、质量信息、供应信息等更加透明化、对称化、可追溯。全球战略咨询公司Roland Berger也提出，鉴于全球越来越多的消费者开始关注工作条件及其他问题，服装公司正通过展示透明度来提升品牌形象。

一是需要公开原料信息，包括原料产地、原料品质等信息，如采用GOTS有机棉、BCI良好棉花等信息。

二是需要公开生产信息，例如，生产制造过程是否使用了对人体有害有毒的化学物质；是否会对环境造成不利影响；对员工是否友好；员工基本权利是否得到保障；是否符合CSC 9000T企业社会责任管理体系等。

三是需要公开供应信息，例如，日本时尚巨头迅销集团于2017年2月底公布了146家优衣库品牌供应商的名字和地址。迅销集团表示，还将于2017年底公布优衣库副线品牌 GU 的供应商名单。盖璞（GAP）、玛莎百货（Marks & Spencer）、海恩斯莫里斯（H&M）、耐克（Nike）等也都已经对外公布供应商名单。

四是需要公开质量信息，以诚信为基础，实现产品质量情况的透明与公开。在此，第三方检测机构对产品质量的检测、评估，对保障产品信息的真实性起到重要作用。

（二）管理协同

1. 打造供应链的管理平台

建立供应链上统一管理平台，可以提高供应

链响应市场的速度，增强供应链的柔性，优化供应链组织，提高组织管理绩效，降低供应链整体库存水平，进而提升节点企业效益和顾客价值。

为此，建立结构清晰、职责清楚的组织结构十分重要，同时，平台管理还需要实现供应商分类、供应商评估、供应商选择、供应链管理与供应商集成五项职能。

供应商分类：就是要按照既定准则，对供应商分门别类，有针对性地管理和整合。

供应商评估：就是对供应商的质量、生产、物料和管理体系评估，判断供应商的潜力。

供应商选择：就是基于供应商历史绩效（定性、定量）以及评估的潜力，选择合适供应商。

供应商管理：就是要统计和管理供应商的各项绩效指标，并敦促和协助供应商持续改进。

供应商集成：就是把优选供应商集成到研发，生产和日常运营中，以进一步降低产品和供应链成本。

2. 运营协同、创新协同和融资协同

运营协同、创新协同和融资协同也是提升供应链管理效益的重要方法。

运营协同就是要增强企业间的配合与协作，实现设计、研发、生产、营销、服务等纺织价值链的各个环节间的配合，规制企业按时按质交货、按时付款。创新协同是指企业突破组织边界，在产品研发到商业化整个过程中，利用供应链上的创新资源，通过吸收和输出创新资源，实现价值增值。

融资协同，是指加强合作，提升资本在供应链上的应用效率。供应链金融是一种很好的实践，行业应用潜力巨大。据国外研究机构Demica预测，2020年我国供应链金融的市场规模可达14.98万亿元左右。供应链金融属于微金融的范畴，其立足于产业供应链，并根据供应链运营中商流、物流和信息流，针对供应链参与者而展开的综合性金融活动。其目的是依托产业供应链运营而创造金融增值，并促进产业供应链和各参与主体良性互动、持续健康发展。

（三）利益互赢

根据主体协作模式不同，供应链上的互赢可以从纵向与横向两个维度来进行讨论。

1. 供应链上的纵向互赢

供应链纵向互赢，通过对供应链纵向的整合，延伸企业掌握的供应链环节，在更大程度上促进信息在供应链间的有效传递，使供应链纵向具有更高的敏捷性、柔性以及动态性。

供应链纵向互赢主要是由供应链上的企业间通过信息对称、标准统一和风险防控来实现。在信息对称方面，统一的信息管理系统使得企业内部不同部门间共享信息，大大减少了信息不对称造成的损失。而统一的生产标准及质量控制，减少了控制及沟通成本，提高了生产效率。风险防控，可以提高企业预测和防控供应链风险的能力。

供应链纵向互赢有着不少成功的案例，例如，溢达、鲁泰、如意等公司通过对纵向供应链的发展与整合，业务涵盖了植棉、纺纱、织布、成衣辅料制造、制衣、销售等供应链的大部分环节，从而能够从根本上保证整条供应链中的物质资源能够以最低的成本尽量稳定的流动。

2. 供应链横向互赢

供应链横向互赢是企业通过与利益相关企业的分工协作、有机协同，实现供应链的结构优化与功能扩容。纺织服装供应链上的企业着力于研发、设计、生产、贸易、流通、信息、检测等环节的优势互补、相互支撑，通过分工协作、集约成本、标准协同、价值共享，实现利益互赢。

具体表现在：分工协作，在更大的范围内实现专业的分工与协作，能够提高生产制造效率；集约成本，扩大并细分协作模式，使生产要素得到合理分配，能够集约生产成本；标准协同，横向生产环节间协同建立统一的标准，能够达到效率最优、利益最大；价值共享，即通过产能互衔、优势互补的生产制造方式，能够实现共创共享供应链价值。

五、结语

综上所述，在纺织服装供应链的整体运营中，选择诚信、尊重诚信，激发协同、善用协同，将是未来产业最具性价比、最具竞争力的选择。“小信诚则大信立”的诚信机制与“上下同欲者胜”的协同策略，将是中国纺织服装供应链管理应当强化的价值路径。

企业社会责任与品牌可持续供应链建设

中国纺织工业联合会社会责任办公室

人类在不同经济发展阶段建立相应的制度体系以释放经济活力并维持相应秩序，企业社会责任是全球化时代的重要商业制度建设实践。全球化时代，商业突破了国家地理疆界，国际品牌以跨国公司的组织形式在全球部署资源和市场网络，由此构建的供应链延伸至不同规则背景下的国家和地区，面对如此复杂而又庞大的管理难题，社会各界逐渐达成共识，提出企业社会责任与可持续供应链管理作为新时代的治理体系和秩序方案。

一、从自由到公平：企业社会责任兴起

经济发展与制度建设存在紧密联系。全球化推动了经济快速增长，同时全球化“双刃剑”作用也造成了发展成果不均衡分布，在一些国家和地区，现代化与工业化甚至加剧了原有贫困，导致了新的灾难。在此背景下，人们开始反思，探索通过制度建设以建立经济全球化时代的商业秩序，致力于促进更加包容与可持续的经济增长。

企业社会责任是构建全球化时代商业秩序的产物。过去二十年间，全球化时代里跨国贸易与投资带来巨大财富，不断兴起的跨国公司富可敌国，然而全球化的负面作用也开始引起人们关注，耳熟能详的国际品牌被抨击为“血汗工厂”“时尚之毒”的始作俑者，面对这一全球质询，跨国公司开始制定社会责任行为守则，并发展出一套管理跨国供应链的标准与方法，逐渐运用到位于上百个国家地区的制造基地。在此背景下，企业社会责任作为供应链管理的重要工具和方法诞生并演进（表25）。

表25　品牌或零售商制定供应商行为守则

品牌或零售商	供应商行为守则制修订时间
李维斯（Levi’s）	1991年
盖璞（Gap）	1992年
耐克（Nike）	1992年制定，1997年修订
迪士尼（Disney）	1996年
阿迪达斯（Adidas）	1997年制定，2001年、2006年、2016年修订
巴塔哥尼亚（Patagonia）	1997年制定，2007年、2013年审阅修订
海恩斯莫里斯（H&M）	1997年
飒拉（Zara）	2001年，2012年修订
宜家（IKEA）	2001年
优衣库（Uniqlo）	2004年
沃尔玛（Walmart）	2005年制定，2006年修订
狼爪（Jack & Wolfskin）	2007年
玛莎百货（Marks & Spencer）	2010年
安德玛（Under Armour）	2014年制定，2016年修订

注　资料来源：中国纺织工业联合会社会责任办公室根据品牌和零售商公开信息整理而来。修订时间根据公司信息披露情况进行梳理，因此表中没有记录并不意味着没有进行修订。

高速发展的信息技术为社会组织、政府间组织参与和监督提供了条件，社会群体希望商界特别是跨国公司能够以负责任的企业行为发挥出更多积极作用，促进公平、包容与可持续的经济转型（表26）。

表26　对推动企业社会责任发挥重要作用的国际公约、文件与倡议

性质	机构	核心文件或标准	主要议题
政府间组织	联合国（UN）	联合国商业与人权指导原则、全球契约	社会：1.强迫劳动、抵债劳动、服刑人员劳动和非法劳动；2.童工及未成年工；3.工资福利；4.雇佣；5.结社自由与集体谈判；6.健康与安全；7.歧视、多样性和平等；8.工作时间 环境：1.资源能源使用；2.三废排放（废弃物排放与回收再利用）；3.化学品合规使用 其他：物种保护与动物福利；反腐败与反贿赂；透明化与可追溯；信息安全等
	国际劳动组织（ILO）	国际劳工公约与建议书	
	欧盟（EU）	公平贸易决议文、行动计划提案等系列文件	
	经济与合作组织（OECD）	跨国企业准则	
非政府组织（社会组织）	公平劳动协会（FLA）	公平劳动行为守则	
	社会责任倡议组织（SAI）	社会责任标准（SA8000）	
	欧洲对外贸易协会（FTA）	商业社会责任倡议（BSCI）	
	国际社会责任认证组织（WRAP）	负责任的全球成衣制造行为准则（WRAP）	
	国际公平贸易协会（IFAT）	公平贸易组织标签	
	国际标准化组织（ISO）	国际社会责任指南（ISO 26000）	

注　资料来源：中国纺织工业联合会社会责任办公室整理。

二、从理念走向实践：公司可持续供应链管理

企业社会责任从院校学术争论到融入公司供应链管理的过程，标志着社会各界对企业社会责任的关注从道义思辨发展为回应全球化挑战的落地实践。

过去的二十年里，品牌公司制定或参与一系列的可持续供应链管理体系，制定供应商行为守则，并发展出与之配套的实施机制、审验机制、能力提升等供应链治理方案，以管理公司在不同政治、法律、社会与文化背景下的全球采购与运营风险。

这些公司丰富的可持续供应链管理实践经验，简要可总结为以下四个方面：

（1）行为守则。制定公司政策与行为守则往往是第一步，这意味着公司明确承诺与清晰界定管理职责。多数公司的行为守则议题往往从社会和劳工合规议题逐渐拓展到社会、环境与反腐败反行贿等商业诚信等综合体系，政策从单一、简单文本发展为专业、专门管理体系，适用范围从直接供应商到间接供应商、分包商、家庭作坊等。多数公司的行为守则要适用到多个国家和地区的供应商，因此主要参照国际公约、文件和倡议，辅之以参照具体国家和地方的法律法规与标准体系而制定，以避免这些行为守则成为贸易壁垒。

（2）实施机制。行为守则往往原则性较

强，因此将行为守则落地应用的实施机制便显得尤其重要。多数品牌公司建立了基于过程和风险的社会责任管理体系，按照国家或产地治理背景、供应商合作年限、供应商评估结果而采取相应的纠正、复评、合作或终止合作等措施。一些先导企业不断创新数据记录和评估的工具，尝试建立信息系统、指数评级系统，以确保有能力持续跟踪和监管供应商行为。

（3）审验机制。企业通过自建二方评估团队或引入第三方审验机制以提升责任管理体系的有效性和可信度。品牌公司往往设有内部评估团队，常规或随机性的去供应商工厂开展巡查。近几年随着透明化与公开化的要求不断加强，越来越多的品牌公司认可第三方标准体系并引入外部审计资源，同时，少数公司开始尝试在自己平台或者第三方平台公开全部或部分供应商审核结果，这些举措有利于共享供应商的信息共享以及引入外部监督，具有明显的进步意义。

（4）能力提升。近几年来企业开始评估上述机制的成果与目的，并尝试将重心转移到提升供应商能力上，例如，通过培训、工作坊等形式提升供应商管理能力，通过建立申诉与沟通机制提升员工和工会组织的参与意识和机会，通过赋能以“激发”授权商、供应商等商业合作伙伴自我治理水平，通过引入行业组织及外部专家保持动态学习能力，尽管目前看来挑战依然不小，但创新实践不断涌现。

品牌公司经过二十多年的实践，不断丰富了可持续供应链管理经验，对遍布全球的供应商进行管理以降低合规风险、提升商业机遇，但与此同时仍然存在着不少明显的挑战和问题：

（1）透明度不高。普遍认为，透明是滋生风险的土壤，虽然当前品牌和零售商纷纷公开供应商名单，发布社会责任报告或管理进程报告，并开始接受外部监督，但目前也只有少数品牌有意愿、有能力公开上游供应商绩效水平，上游间接供应商、家庭承包商依然处在灰色地带，治理阳光依然仅仅照耀在十分有限的土地上。

（2）参与面不广。尽管已经历多年实践与推广，当前依然是下游品牌和零售商“一头热”，上游企业普遍表现出意识淡薄和被动参与的状况，这与下游企业的积极与雄心表现出巨大反差。如果现行可持续供应链管理体系与机制无法真正调动上游制造商、原材料生产商的参与和共建，全球可持续供应链建设很难再取得显著进展。

（3）实质性不够。近几年国际品牌与零售商位于东南亚、非洲等地区的采购基地事故频发，这对貌似完美的机制形成巨大讽刺，社会和商界因此开始反思和评估全球可持续供应链的实质性影响和作用，如果从结果来看，花费巨大心血和资源的“全球工程”既没有做到保障合规也没有实现推动发展，那么是否意味着当前制度与机制需要更大力度的革新？

综上，经过二十余年的探索、实践与锤炼，商界和社会各界逐渐接受了全球化时代公司不仅要对股东负责，还应面向多利益相关方承担必要的社会责任和生态环境责任，毫无疑问，这是现代企业制度的巨大进步，也是现代商业文明的显著成果。同时，全球可持续供应链管理存在明显的缺陷并一直饱受诟病，全球化时代背景下公平贸易与包容可持续性经济增长目标远未实现，时代仍呼吁创新思路和解决方案。

三、突破局限：中国可持续创新领导力

我国纺织服装行业社会责任是一个被动参与到主动建设的过程。中国实行改革开放政策后，

随着国际产能转移的趋势，中国纺织服装企业首先以代工厂的身份融入国际供应链，接触到国际客户的社会责任审计和验厂规则，这一时期主要是订单驱动下的被动接受阶段。当前，中国已成为全球纺织品服装最大的生产国和出口国，一部分中国企业通过海外投资与并购逐渐成为全球供应链中制定规则的链主企业，中国纺织工业联合会在此背景下代表中国纺织服装产业郑重提出全球可持续供应链秩序观。

2005年，中国纺织服装企业社会责任管理体系（CSC 9000T）的总则及细则正式由中国纺织工业协会（现中国纺织工业联合会）颁布，成为中国自主开发的第一个企业社会责任指导准则，代表了中国产业界对建设全球可持续供应链的见解和方案。结合行业发展的形势，CSC 9000T目前已先后发布过两个版本，2005年版主要聚焦劳工议题，但同时就已经采取了管理融合的方法论。2008年版本一方面扩展到了包括劳工、环境、公平竞争等若干领域的12个要素，另一方面则开始研究和实践与其他标准体系的协调。2015年，紧跟时代发展和行业发展的现实，中纺联全面修订了CSC 9000T。2015版CSC 9000T吸收了CSC 9000T过去十年实施过程中的实践经验，在确保行业针对性和适用性的基础上，扩大主体和地域适用范围，以便为中国在海外投资的纺织企业提供履责管理指南（图13）。

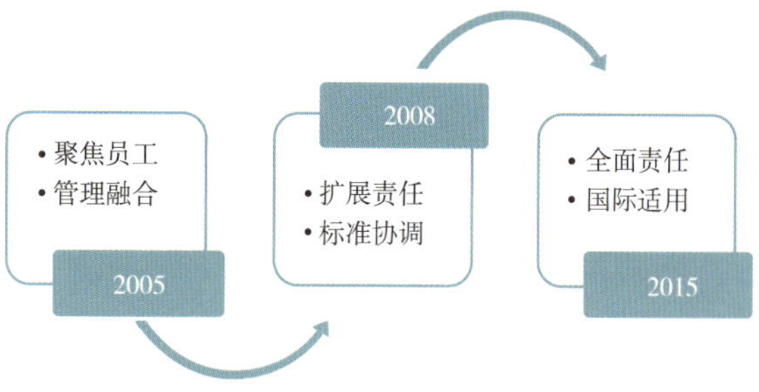

图13 CSC9000T社会责任管理体系持续改进

经过十二年的发展，CSC 9000T在推动全球可持续供应链建设中发挥出重要作用：

（1）内外结合是落实CSC 9000T的抓手。中纺联社责办在两个方向上不断推进社会责任对行业竞争力的挖掘和培养。一方面，由外向内通过行业社会责任建设提高企业内部管理能力，对位于全球产业链上游位置的制造企业进行管理能力的提升，这无疑是对当前下游企业发起的可持续供应链建设的重要创新。另一方面，在由内向外方向上通过行业社会责任建设优化行业外部发展环境，帮助中国企业了解国际市场。

（2）三大推进机制是落实CSC 9000T的动能。在10年工作实践中，中纺联社责办逐步发展出了管理体系、信息披露、跨界协作三大发展推进机制，以机制输入产生价值输出。同时，行业社会责任工作区别于跨国公司的自保导向，坚持发展导向，也即社会责任工作必须既有利于利益相关方，也有利于行业和企业的发展。因此倡导人本责任，既是未来满足对人的责任，也是为了保障行业生产力，满足服务对象的需求；倡导环境责任，既是为了治污、节约资源和减排，但同时也是为了提高产品的品质内涵，保障行业未来的发展空间；倡导对市场的责任，既是为了强化市场运行效率，也是为了确保市场系统的公平性。

（3）透明度是落实CSC 9000T的成果。社会责任信息披露是有效推动行业企业可持续发展的重要内容，“管理出报告，报告促管理”是社会责任的重要工作途径。中纺联社责办积极响应社会对重点行业的关注，在印染、化纤、家纺和服装四个分行业推进了信息披露。2013年开始，集群层面的信息披露成为制度化实践，截至目前已有覆盖五千亿产值上万家企业的12家集群参与其中。在企业层面，将近120家纺织服装企业发布了200余份社会责任报告，以汇报CSC 9000T管理体系的执行进程。这三个层面共同构建了我国制造业社会责任信息披露工作的典范氛围。

（4）多方合作是落实CSC 9000T的导向。2012年中纺联与BSCI、SA8000、WRAP和Solidaridad等体系发起了多体系对话与协调的公共平台“社会责任体系合作中国顾问委员会”，目的是在统一规范的同时减少供应链重复工作，提高各体系的运行效率和透明度。目前，已有8个标准体系在这一机制下进行对话，致力于解决体系之间的“壁垒”导致的履行社会责任的高成本问题。

综上所述，中国纺织服装产业对全球可持续供应链建设主要有三大贡献：一是从全球供应链上游着眼，注重制造企业与原材料加工企业内源式发展与能力提升，提倡全球供应链上下游共商共建，缓解现今全球可持续供应链建设下游企业“一头热”困境；二是多利益相关方参与，中纺联社责办既代表了中国纺织服装行业组织参与到全球可持续供应链建设中，又动员与支持政府、产业集群、地方商协会、企业等公私域部门参与到建设中表达诉求与期望，同时也推进工厂内部申诉与沟通机制的建立，支持员工与工会组织参与到可持续供应链建设中，这便突破了品牌主导标准、工厂被动接受审核的现状；三是透明度与可追溯进程建设，中国纺织工业联合会社会责任办公室与ZDHC有害化学物质零排放基金会共同开发的CiE化学品环境足迹改进系统，帮助纺织供应链上下游企业识别、替代和改进有害化学物质的使用，并已开发碳足迹和水足迹模块，促使供应链的环境足迹变得透明、公正和互信，通过信息的持续与实时传递与沟通促进全球供应链上下游诚信建设，这将突破现行全球可持续供应链建设中“猫捉老鼠”的游戏规则，建立基于信任的全球伙伴关系。

迪尚集团供应链平台建设概述

迪尚集团有限公司

迪尚集团创建于1993年，年产服装一亿件以上，出口额达15亿美元，是全国最大的服装出口企业之一。集团成立以来，不断扩大规模、延伸产业链条，形成了覆盖全球的产业布局和涵盖全行业的供应链体系，并以此为基础，大力建设服装行业资源平台，在供应链管理、数字化建设等方面积累了一些经验。

一、供应链条完备，风险防控有效

集团目前拥有威海纺织集团进出口有限责任公司和绮丽集团有限责任公司两大贸易主体，拥有中国威海、青岛、临沂、济宁、大连、贵州，孟加拉国、越南、柬埔寨和缅甸等十大服装生产制造基地，50多个专业服装生产厂，在欧、美、日、韩、东南亚等国家和地区设有近20家贸易公司、生产企业和研发设计中心，同时还有800多家配套协作企业，3000多家面辅料供应商，与400多个国内外服装品牌长期合作，与全球1000多家公司保持着密切的贸易往来，积累了深厚的全产业链资源，并构建起完备的供应链体系。

同时，集团还建立了一套有效的风险防控机制和动态信誉考评机制，让公司可以对供应链体系中涉及的各个目标和节点进行初始风险评估、风险跟进管理和信誉管理，从而披沙拣金，与大批稳定优质的供应商和加工工厂建立了扎实的业务联系，并掌握了大量业务信息，既保障了供应链的稳定、高效，更为建立数字化资源平台奠定了坚实的实体业务基础。

二、国家级创新平台集聚，设计研发资源丰富

设计是服装产业链条上的重要一环。迪尚集团经过20多年的经营，聚集了一大批优秀的设计师资源，并建设、承接了多个国家级创新平台。

2014年，经中国服装设计师协会批复同意，成立中国服装设计创意中心，并以此为依托，建立了专业化众创空间——“迪尚服装设计创新众创空间”；2017年年初，迪尚集团创建的迪尚智慧时尚生活方式集成创新平台，入选了国家第一批“纺织服装创意设计试点园区（平台）”；2017年5月，中国服装数字化设计研发中心落户迪尚，同年6月，迪尚集团入选国家双创示范基地。除此之外，迪尚集团还在米兰、巴黎、伦敦、首尔、东京等城市设立了11个覆盖欧、美、日、韩的时尚设计中心，为建设行业资源平台提供了重要的设计资源。

三、应用数字化技术，整合全行业资源

随着近年来服装产业对差异化要求越来越高，对设计、生产、材料等各种资源的整合提出了更高的要求，同时，信息技术的发展，也为产业链各环节的数据共享提供了有力支撑。迪尚集团利用其规模优势和业务基础，综合利用大数据、互联网等先进技术，建立“互联网 + 设计”“互联网 + 面辅料”以及大数据中心，实现互联互通，构建高度专业化的服务平台。目前已经建成面辅料中心、样衣中心、大数据中心、设计中心等多个功能板块。

（一）面辅料中心

迪尚集团经过20多年终端市场及供应链体系的打造及完善，联合中国纺织工业联合会和全球3000多家优质面辅料供应商。以“国家纺织面料馆迪尚面料中心”和“迪尚精品面辅料中心”为核心，建设以线下物理化资源库和线上标准化数字系统共同组成的面辅料中心（图14）。

线下的面辅料馆现有面辅料实体样品十多万份，覆盖服装全品种，年更新率不低于30%，新开发样品不低于40%，线上的面辅料标准化数字系统、通过“数字化+虚拟化+可视化”信息技术，生产厂家、客户卖家、设计师、品牌运营等各相关方可以实现线上、远程、即时互联互通，缩减80%以上的时间和沟通成本。

图14　面辅料中心

目前中国纺织工业联合会和中国服装协会已确定以迪尚面辅料系统为蓝本，中国服装协会官网资源频道参入管理，双方合伙打造引领中国服装产业的国家级资源平台。

迪尚面辅料中心目前已经初具规模并投入运营，未来几年，将横向扩大面辅料覆盖范围，囊括全品类常规面料和90%以上的新型面料；纵向联合优衣库等面辅料研发机构，注重功能型面料的开发和使用。最终，形成以拥有核心知识产权的高端功能型面料为先导，以线上线下数字标准化为一体，以具备高效快速运营的全品类面辅料采购为渠道的行业级服务平台。

（二）样衣中心

迪尚集团旗下有70多个事业部，常年承接来自欧洲、美国、日本等国家和地区超过500多个国际品牌客户的供货订单，产品种类涵盖从婴幼儿到中老年在内的全品类、不同价位的服装、服饰产品，每年有超过3万个以上的款式的产品销往世界各地。集团以全品类大货订单为基础，挑选有市场潜力的款式样品，建立了产品发布展示厅，陈列有2万多件当季样衣，并设立3D数字化款式数据库，包涵5万多件样衣的数字化信息，应用人工智能查询等科技手段，可以即时查询到相关的款式设计、制造、生产、销售等所有信息，方便客户、商家、设计师等挑选样衣、借鉴款式，及时交易订货（图15）。

鉴于目前市场多样化、个性化的需求，迪尚将继续扩大样衣库的品类数量，从而形成庞大的样衣板型数据库，并为每个品类配置单独的展示空间，建成国内一流、品类齐全的产品展示交易

图15　样衣中心

中心，搭建国际一流的交易示范平台。

（三）大数据中心

迪尚集团凭借在全产业链方面的资源优势，建立大数据中心。所有的产品数据、客户数据，以及交易管理等数据信息，都将在大数据中心内进行有效汇集、管理和应用保障。大数据中心还将通过大数据分析进行趋势预测和整理，即时反馈到产业链各个环节，做出相匹配的供求关系对接调整，并延伸成为客户提供一体化服务的能力。

（四）服装设计创新中心

自2014年与中国服装设计师协会合作“中国服装设计创新中心”开始，国内外设计资源不断凝聚。目前，创新中心已汇集欧洲设计学院“DIDDHUSM”女装设计团队、巴黎时装学院“LilithaParis”时尚女装设计团队、北京服装学院“REAL”童装设计团队等国内外高等时装院校近百个设计师团队，并为设计师配备有200人的服装样板师、工艺师、样衣制作团队和快反生产系统，协同配套服务的纺织服装企业200多家，初步形成了国际国内品牌联盟，取得了良好的品牌和经济效益。

四、成效突出，前景广阔

目前，迪尚服装产业资源平台已经形成了线上和线下资源相结合，整合面辅料、设计、样衣、需求发布等多种功能为一体的，全产业链、闭环式的综合性服务平台（图16）。

平台最突出的特点是有大规模的实体业务量作为支撑，杜绝了空头信息和虚假信息。具有很高的可信度和实用性。通过平台，上下游企业都收到了节约交易成本、降低存货水平、降低采购成本、减少循环周期的良好效果。

目前，集团正在以现有的资源平台为基础，打造中国服装设计创新集成平台，助力服装业增品种、提品质、创品牌、增效益、加快纺织服装产业转型发展和新旧动能转化，加强纺织服装创意设计能力和自主品牌建设，推动中国由服装大国向服装强国发展，进一步加强中国服装在全球的影响力。

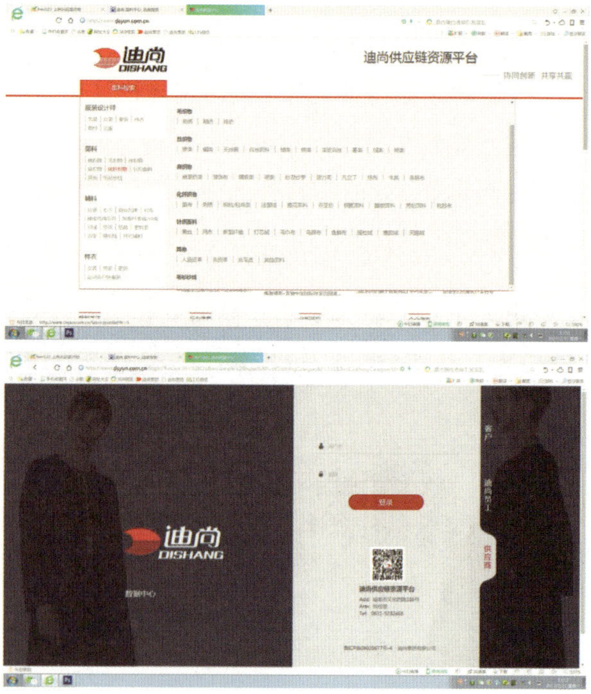

图16　迪尚供应链资源平台

金太阳公司：赢在微笑曲线的两端

江苏金太阳纺织科技股份有限公司

一、企业基本情况介绍

江苏金太阳纺织科技股份有限公司（以下简称“金太阳”），成立于2000年11月。公司坐落于中国南通家纺城，是一家以家纺面料的设计研发、销售、服务为一体的集团化家纺配套企业，是国内家纺面料业内最早坚持走品牌化发展之路的家纺面料企业之一，在国内和国际家纺行业享有较高的知名度和美誉度。公司先后被认定为“国家高新技术企业”“中国驰名商标”“国家级工业设计中心”“江苏省家纺设计工程技术研究中心”“江苏省企业技术中心”“江苏省博士后创新实践基地”等。2013~2016年连续四年，经中国家用纺织品行业协会测定，公司在国内同类型企业中销售收入及市场占有率均位列全国第一。

经过十余年的发展，金太阳公司已成为国内家纺面料设计研发、销售、服务的龙头企业，并与世界范围家纺业中一批颇具实力和知名度的成品品牌企业，以及数十家国内知名的纺织产业链上下游供应商建立了稳固的战略合作伙伴关系。在纺织业内，公司长期与包括山东魏桥纺织、德棉、浙江维科、欧化印染、南方印染等国内知名纺织印染集团公司或上市公司结成战略合作伙伴关系，成为包括罗莱、水星、梦兰、堂皇、紫罗兰等众多一、二线家纺成品品牌的供应商。

二、企业经营模式介绍

金太阳公司是一家家纺面料企业，在家纺供应链中处于枢纽环节，介于纺织原料供应商、纺织坯布制造商、印染生产商与家纺成品企业之间。在整合家纺资源，实现客户合作伙伴资源优势互补方面具有独特优势。公司前瞻性地把“家纺品牌整体解决方案提供商”的战略理念作为企业经营，特别是产品研发的核心指导思想，并且利用在家纺供应链中的位置，以“哑铃型”的经营战略占领微笑曲线两端，提出全力打造“家纺品牌孵化器”的宏伟目标，为整个家纺供应链提供增值的整合服务。

设计研发作为金太阳核心竞争力并推动企业迅速发展。重抓“微笑曲线”的两端，以文化创意设计和科技研发驱动企业健康发展，是金太阳占据行业龙头地位的重要原因。这种经营模式促使公司一直坚持以研发设计为核心，并强化“金太阳”品牌推广和客户服务，一手抓研发设计，一手抓品牌和客户，而将生产制造环节通过整合外部资源来实现。

金太阳品牌的客户群体是国外家纺家居批发零售企业，知名的渠道商，而国内市场则是家纺成品品牌企业。公司完成品牌运作及产品设计研发，国内客户提供设计方案及家纺面料，而国外客户则提供外包生产的成品及视觉识别系统（VI）包装方案等。

公司这种经营模式的主要溢价及盈利点主要产生于如下几方面：

（1）特色品牌的溢价；

（2）强大创意设计及服务的溢价；

（3）利用金太阳原有的强大供应链资源的低成本优势；

（4）低固定资产及营销费用投入的生产外包模式及线上数字化客户体验及互联网销售模式。

此外，这种“哑铃型”经营模式的优势在于：

（1）聚焦研发，提升产品竞争力。家纺面料企业的核心竞争力主要体现于新型面料的开发和创意花型的设计，公司的经营模式有利于公司将资源和精力聚焦到研发和设计上来，使公司的产品能够引领行业潮流，保持可持续的竞争力。

（2）以轻资产模式运营，经营灵活性强，经营风险低。生产工厂投入大，人员多，投资回收期长，经营风险大。公司以委外生产加工的方式实现产品制造，避免了固定资产和生产线人员投入，减少了企业运营成本，降低了企业经营风险。

三、供应链协同发展的具体做法

金太阳公司经营模式创新的重点是创建供应链外包生产模式和产业链资源中枢平台，并且利用这一平台完成对家纺面料开发、生产与销售的综合控制，其核心要素是资源集聚、柔性与效率。

（一）供应链外包生产模式

金太阳公司是国内家纺面料行业轻资产运营的企业代表，公司在运营过程中，对于生产中的前处理过程、坯布的染色与印花过程及产品后处理过程都是采用外包生产的创新模式，公司自身主要针对这些外包业务进行必要的监督与管理，尤其是技术指导。相比中国传统纺织业大多为国有资本、集体资本改造而来的劳动密集型制造业而言，这是一个全新的业务模式。通过这种轻资产供应链外包的模式可以有效减少公司的运营风险，促使其更加专注于核心的设计与开发业务，进而提升自身核心竞争力，同时也能够进一步提升公司内部组织结构的灵活性和可变性，使公司在市场竞争中占据更有利的地位。

金太阳公司作为一家创业型民营企业，通过资源整合，轻资产的方式实现企业集中资源打造核心能力，快速扩张其市场。为了保证良好的产品质量和更低的运行成本，公司会经过严格的审核与监督流程完成对合作商的评介，并且选择知名度较高、诚信基础良好且专业能力强的厂商合作，这样有利于全面整合供应链优势（图17）。

（二）创建供应链资源中枢平台

金太阳公司在其商业模式创建过程中重点要求之一是创建供应链资源中枢平台，并且利用这一平台完成对家纺面料开发、生产与销售的综合控制。建立符合公司实际需求的产业链资源中枢平台，这样可以从不同角度完成对公司产业资源的分配与应用，在此基础上有效降低家纺面料的设计与研发成本，并且通过中枢平台内各个环节的全面配合从根本上提升产品开发效率。

金太阳公司以在产业链中间位置的优势，向上链接原材料纺织印染企业，向下链接家纺成品企业等，在这个位置通过供应链的设计研发、各种资源的整合，形成了一个信息、资源、效率高度集约化的平台。对上游而言，可以汇聚他们的优势资源，对下游而言，在效率、成本、研发价值等方面都形成了一个有力的支持，对自身而言，就是增强了资产的周转速率。

从成本管理的角度，金太阳公司产业链资源中枢平台在其运行的各个环节均需要技术和管理创新，并且其成本结构中，技术和管理的成本都对其盈利能力有重要影响。建立供应链资源中枢平台可以帮助公司的客户更加快速地实现物流、资金流的周转速度，帮助客户减少资金的占用，提升市场反应速度，降低经营风险。从设计研发的角度，建立供应链中枢平台可以帮助公司及其客户最快速度获取最新的技术资讯，最快速度转化这些技术。

经过近20年的经验积累，金太阳公司在供应链中枢平台中，在新材料、现代纺织、现代染整、全球性设计机构、产学研研发和智力转移机构的资源均获得了较充分的沉淀，并且其运营能力也在逐步加强。目前，公司已与国内众多坯布生产商、印染加工企业，以及国际知名的家纺设计机构等，形成了长期合作关系。从金太阳公司相比主要竞争对手的同类产品定价、交期水平、资产周转率、存货周转率、总体盈利水平等财务指标看，公司利用在供应链中间环节的特殊地位，已经打造了一个相对集约化、高效率、低成本的运行模式（图18）。

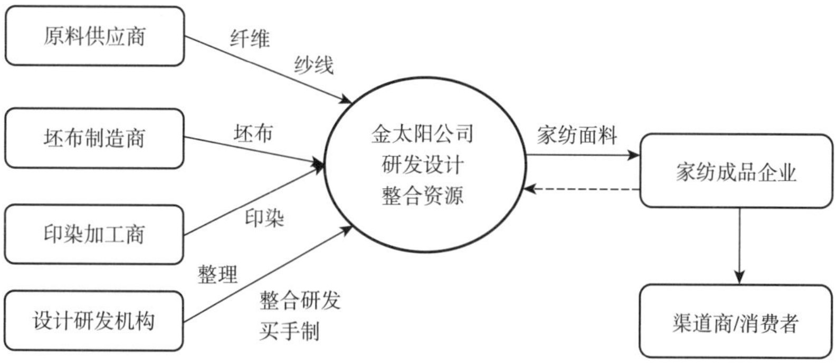

图17　金太阳公司供应链示意图

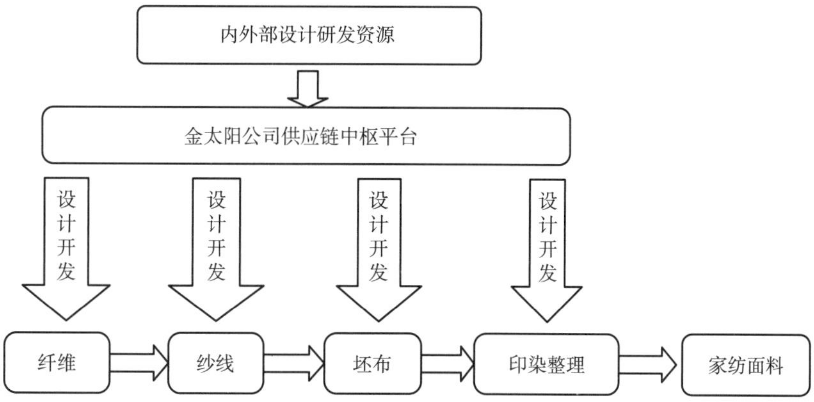

图18　金太阳公司产业链中枢平台示意图

综上所述，金太阳公司以在产业链中间位置的优势，向上链接原材料纺织印染企业，向下链接家纺成品企业等，形成了一个信息、资源、效率高度集约化的平台。对上游而言，可以汇聚他们的优势资源；对下游而言，在效率、成本、研发价值等方面都形成了一个有力的支持；对自身而言，就是增强了资产的周转率。同时，公司对于其产业链的价值整合还在于产业链协同创新的知识资源整合，就公司产业链的上下游企业，改变原来单纯的买卖关系，转而更加注重长期战略合作的供应链关系。

四、企业取得的一些成效

（一）公司科技创新能力显著提升

目前，公司已拥有较强的应用型研发实力，经过近20年的建设，公司已建成国内家纺行业中水平一流的家纺设计研发机构——金太阳家纺设计研究院。形成了从新型纺织、染整工艺、新材料应用开发、功能性纺织品的全过程研发能力，以及基于国际流行趋势的产品设计能力。

（二）形成个性化外包服务功能

1. 产品技术研发服务

金太阳公司已逐步形成产品技术研发外包服务功能，主要包括：为客户提供新产品研发及知识产权转让、成果转化服务。有效解决家纺企业产品同质化的弊病，提升科技附加值，助家纺成品品牌企业升级发展。产品技术研发的主要内容是公司根据市场竞争分析及客户需求，自主立项进行新产品开发，并进行产业化。重点研发方向是新型纤维材料开发、新材料应用开发、新型纺织印染技术开发、新产品组合开发、功能型产品开发等，以提升产品性能、增加产品附加价值，为客户提供增值服务。

2. 专有化产品设计服务

专有化设计服务即为客户提供符合品牌个性的量身定制的设计服务。针对家纺产品的“装饰性”要求，围绕不同消费人群、不同地域与文化、不同生活方式、不同家居软装风格等因素，形成匹配于各类家居软装风格的系列化产品的工业设计。其创新之处在于采用精细化服务管理的方式进行，按照专业化分工的原则，将整个设计体系分成了各具专业特色的设计事务所，包括产品印花花型设计、提花花型及组织工艺设计、绣花款式设计、芯类产品设计、品牌家纺系列产品设计等。

3. 流行趋势的研究与发布

家纺流行趋势是综合社会、行业、时代、文化、市场、消费者、基础科技等信息的综合信息源。把握了流行趋势，就等于把握了产品研发的脉搏，也是引领市场和消费者的核心信息。该服务功能就是为了反映出未来一年家纺产品的流行理念和家居生活方式，以期让“流行”引领消费，刺激市场需要。

报喜鸟“三化”加“三云”“制造”转“智造”

报喜鸟控股股份有限公司

报喜鸟控股股份有限公司，是一家以传统服装为主业的股份制企业，2007年在深圳证交所上市，是浙江省“五个一批”重点骨干企业、全国服装行业百强企业。目前，公司拥有温州、上海、合肥三大生产基地，拥有凤凰国际本部、报喜鸟本部、宝鸟本部和报喜鸟创投四大业务板块，拥有1500多家线上、线下销售网点，2016年终端零售收入50多亿元。

近年来，报喜鸟在供给侧结构性改革、中国制造2025等国家大政方针的指引下，在各级党委政府领导和经信部门等的关怀指导下，紧紧围绕大规模、个性化定制的两大目标，推进“两化”深度融合，推进网络化、数字化、智能化等技术在制造和营销领域的开发利用，从企业战略、组织、研发、管理、生产、营销、品牌全方位融合互联网进行创新，打造更开放、更贴合用户需求的个性化定制平台，创建报喜鸟云翼互联智能制造架构运行体系，首推服装行业云体系，作为产业互联网时代塑造服装行业新生态的创新之举，打造服装行业创业平台，加快从传统制造向智能制造转型，努力为传统服装企业探索一条“个性化定制、规模化生产、品牌化营销”的转型之路。2015年入选工业和信息化部互联网与工业融合创新试点企业，2016年列入工业和信息化部智能制造试点示范企业。

“两化”融合、智能制造是推进企业转型升级的唯一出路，报喜鸟在做好“两化”融合、智能制造的主要工作是：

一是实施“两化”深度融合。努力推进并施行ERP的基础上，做好流程再造，引入集成并开发SAP、HYBRIS、至尊宝等系统软件，将更广泛意义上的信息化深度融入到研发、生产、销售、物流和财务等所有环节，实现工业化和信息化、制造业和互联网+的深度融合，实现互联网、物联网、大数据、云计算等信息条件下的服装大规模个性化定制目标。

二是创建并运行云翼互联智能制造架构体系。站在服装行业转型升级的高度，利用互联网采集并对接用户个性化需求，以用户为中心，以消费者需求为导入点，构建后向传导的生产模式，做好产销无缝对接，进行供应链管理、生产制造和销售服务的全方位柔性化改造，创造性地打造报喜鸟云翼智能平台。

云翼智能平台即为报喜鸟打造的“三多云”大规模个性化定制服务平台。第一是透明云工厂，通过产品生命周期管理系统（PLM）和智能CAD系统构建智能板型模型库，实现标准化、部件化自动装配及模型参数智能改板，并开发智能排产系统，执行工厂高级生产计划，并运用可视化技术智能排产，跟踪生产进度并实时调整生产计划。自动裁床系统（CAM）接收到排单、物料、板型、工艺等信息后，实现“一衣一款”的单件自动裁剪。即通过智能制造，实现产品的柔性化生产，特别是在生产过程中，用软件形成的数据来带动整体运转，通过数据的智能流动，打破时间与空间上的限制，优化资源分配，带动每个环节的高速运转，实现全程追踪。第二是定制云平台，通过引进全渠道电子商务平台（Hybris），并应用虚拟现实仿真技术与3D渲染技术，构建PLM、CRM、SCM等客户信息集成管理系统，以“C2M+O2O”模式实现工商一体，以时间测量（MTM）方式实现线上线下协同和“一人一板”、“一衣一款”的模块化全渠道服务模式。第三是数据云中心，通过客户关系管理系统（CRM）管理消费者资料、体型、穿着习惯等数据，以大数据的精准方式提供进一步的个性化服务，实现大数据精准化营销。利用分享大数据平台，支持设计师和小微企业创业，对产业链相关方开放共享，加强产业链协同与合作，打通上下游生态产业链，实现与关联方的互联互通、合作共享（图19、图20）。

报喜鸟云翼智能平台通过服装定制“三个化”来实现大规模的个性化定制。第一是数据化，就是把传统的客户需求转换为体型、板型、工艺、面辅料4大数据，存储在智能衣架的RFID芯片中，通过无线射频扫描，在智能吊挂流水线上流转，进行工序生产，并将生产过程中的动态数据实时收集反馈。客户信息录入后可直接下单，实现了成衣库存从50%到0的转变。第二是部件化，就是将一件衣服分为前身、后身、袖子、领子、挂面五大部分，再拆分成若干部件，通过智能排版和智能吊挂个性化流水线以及手工制作，提升客户个性化定制服装的效率和品质。第三是智能化，就是整个生产制造过程智能化，通过六大系统集合的生产过程智能控制系统，以自动化传感技术整合吊挂系统和显示系统，智能、自动、精确、简单地对396道工序进行管控，作业有序、快捷和可跟踪，完成管理和制造的无缝对接。最终实现部件化生产和人机协同，成为数字化驱动工厂（图21~图23）。

云翼智能项目的成功实施，突破服装行业高库存、低周转、高渠道成本的瓶颈，实现C2B、C2M模式的转型升级，创造颠覆性的新商业模式，满足了消费者个性化、时尚化的需求；同时，企业生产效率得到大幅提升，为报喜鸟带来经济效益的新增长；对其他传统制造业转型升级

图19　报喜鸟智造战情室

图20　报喜鸟全渠道战情室

图21　IPAD智能看板和自动裁床

图22　筛选组合区

图23　3D设计搭配系统

具有良好的示范效应和推动作用。

基于数字驱动的大规模个性化定制模式，可以说是报喜鸟的“凤凰涅槃”，是一场变革，让报喜鸟从一家传统制造企业走向“数字 + 制造 + 服务”的前沿，抓住创新带来的“红利”，克服了服装个性化生产品质和生产效率低的瓶颈，生产效率提高50%，全品类服装定制从下单到交付时间每套服装平均15天缩减至7天，定制生产的产能从200套/日扩大到1000套/日（不含团购定制），合格率从95%提升到99%。行业数据国内领先，拥有数千兆板型组合数据、10亿条业务数据、20万条面辅料数据。同时，转型升级也为报喜鸟带来良好的经济效益，实现定制产能年增长50%以上，物耗下降10%，能耗下降10%，生产人员精简10%左右。

随着C2B私人量体定制业务的发展，公司必须通过大数据实现对消费者的个性化营销，精准投放，促进多品牌、业务的链接，满足消费者个性化需求。在全渠道业务的基础上将各个渠道的大数据进行整合，通过中台系统与生产系统进行结合。该部分系统将渠道前端顾客信息、销售信息、货品信息等大数据进行整合和分析，并与自动化生产流水线和吊挂系统进行结合，形成全自动智能化的补货、营销、企划、货控、私人量体定制、生产等环节。

报喜鸟秉承“弘扬服饰文化、妆点美好生活”的企业使命，深入实施“多品牌经营、国际化发展”战略，矢志成为国内一流、国际知名、具备全球竞争力的大型多品牌服饰公司，近年来着力强化品牌建设和营销渠道建设，加快提升品牌影响力和核心竞争力。一是多系列，目前旗下产品涵盖了商务、休闲、运动等不同风格，覆盖中高及高端消费群体，加快向时尚化、个性化、高端化发展，满足客户多元化需求。二是多品牌，公司依据品牌定位一致性原则，成立“报喜鸟”“宝鸟”和“凤凰国际”三大本部。报喜鸟本部经营自有品牌：“报喜鸟”“索洛赛里”“法兰诗顿”，其中主打品牌“报喜鸟”先后荣膺“中国驰名商标”“中国名牌”“中国服装品牌品质大奖”“中国青年最喜爱的服装品牌”和“国家免检产品”称号；“宝鸟”本部着力团购职业装品牌BONO、校服品牌衣俪特；“凤凰”本部运营：意大利轻奢品牌“东博利尼”、意大利衬衫品牌“恺米切”、韩国英伦休闲品牌“哈吉斯”、法国时尚户外运动品牌“乐飞叶”、美式时尚休闲品牌“柯兰美”等国际高端品牌。三是多渠道，公司开设品牌集成终端店、单品牌实体店、商场店中店，推行“终端量体员认证”，倡导体验式量体服务，力拓电商业务，形成了线上线下销售与体验相互支撑的良好局面。

创意集聚

纺织服装创意产业园区发展现状与路径分析

广州轻纺交易园

海峡两岸龙山文化创意产业园

绍兴市柯桥区纺织工业创意设计基地

E-FashionTown时尚之城订制之都

韩都衣舍互联网“二级生态”品牌运营平台

创客157创业创意园

纺织服装创意产业园区发展现状与路径分析

中国纺织工业联合会品牌工作办公室

一、整体情况

时尚创意产业园是市场经济驱动下的要素重组和转移的产物，是纺织服装业发展到一定程度必然的选择。纺织服装产业，不仅仅是民生产业，也是一个具有高新技术含量的产业。现在是国家大力推动“双创”发展的历史最好时期，对于创业者聚集平台的创意产业园来说，园区定位、基础设施建设、持续发展能力都很重要，政府在推动大众创业、万众创新方面，能够与协会联手，把控园区发展大方向、规范园区实施主体经营行为，让推动创业的政策能够真正落地，将是打造园区核心竞争力的有效手段。

2010年左右国内开始出现纺织服装创意产业园区，近年来，在北京、上海、深圳、杭州等中心城市，创意产业发展迅速。2013年工业和信息化部消费品工业司开始对此类园区建设进行规范。中关村时尚产业创新园、浙江文创集团、广州TIT创意园、青岛纺织谷等创意产业园、东方时尚中心、青岛即墨国际服装产业城、青岛红领集团有限公司等都是首批创意园区建设的实践者。

二、创意园区特征

（一）区域位置分布特征

近年来，创意产业主要集中在首都北京及长三角经济区及东部沿海城市，包括山东沿海城市。

北京作为全国创意产业的中心城市，园区建设也走在前端。北京主要的创意产业园区有798文化创意产业园、751DPARK、中关村时尚创意园、北京大红门服装服饰创意产业集聚区等。

上海以纺织服装和时尚为主导产业的园区主要有尚街loft时尚生活园区、时尚谷创意园、POP服装设计服务平台、尚之坊时尚文化创意园、上海国际时尚中心、天山时尚园、环东华时尚创意产业集聚区等。

浙江省特色小镇是独立于市区，聚焦于时尚产业，坚持产业、文化、旅游“三位一体”，和生产、生活、生态融合发展。今年浙江公布的第一批特色小镇创建名单中，有5家是以纺织服装类为主的时尚产业，即杭州艺尚小镇、温州瓯海时尚智造小镇、海宁时尚皮革小镇、桐乡毛衫时尚小镇、诸暨时尚袜艺小镇。由工信部评选出的纺织服装创意设计试点示范园区（平台）中，浙江共有3家入选，分别是余杭艺尚小镇、桐乡濮院针织产业园区创意设计平台、余杭家纺产业设计园。

江西省目前规划建设的纺织服装创意产业园主要有四个园区，分别是青山湖区纺织产业公共服务平台、中国（江西）针织服装创意产业园（南昌市青山湖区）、南康客家服饰创意产业园（赣州市南康区）、绿冬丝绸文化创意·电子商务产业园（九江市）。

（二）园区经营模式特征

纺织服装创意产业园区是以创意为核心，从事纺织服装相关产业为主，具有一定规模的，集聚了一定数量具备自主创意研发能力的创意企业和机构，能够为入驻企业和机构提供基础设施保障、公共服务平台和相关生活配套服务，能够营造创意产业氛围（与园区特色相关的活动、培训等），对纺织服装行业的转型升级有促进作用，对当地区域文化发展起示范、带动作用，对初创型的创意企业起到扶持作用的创意产业集聚区。因此，纺织服装创意产业园区在经营特征上主要由经济商贸型、技术创新型和配套服务型三部分为主体构成。

1. 经济商贸型

一是集聚企业总部。如杭州艺尚小镇、上海尚之坊时尚文化创意园，园区内的独栋总部办公楼，红孩儿童装、安利皮革等企业入驻。二是商贸集聚地。如广州T.I.T纺织服装创意园的名店街、上海国际时尚中心，为服装品牌企业和设计师提供其创意设计成果的固定形象展示和销售窗口。

2. 技术创新型

一是聚焦设计研发。如北京751时尚创意产业园，涵盖服装服饰设计、广告视觉设计、汽车研发设计、建筑内饰设计、原创音乐设计等。爱马仕、兰博基尼、万宝龙等国际一线品牌汇集于此。二是深耕电商服务。如杭州天堂e谷电商创意产业园、江西九江市绿冬丝绸文化创意·电子商务产业园，融“电商”与“文创”于一体，用电子商务帮助产业转型升级。

3. 配套服务型

一是搭建服务平台。如青岛国际服装产业城、上海时尚谷创意园、平湖服装文化创意园等，内部集聚了研发、展示、推广等公共服务平台。二是集聚人才优势。如中关村时尚产业创新园，有北京服装学院的年轻设计师群体优势；如上海环东华时尚创意产业集聚区，以东华大学为核心辐射源，推进周边时尚载体建设；如江西服装创意产业园，由江西服装学院牵头鼓励优秀毕业生和设计机构进驻园区。

三、政策措施

从国家到地方，对文化创意园区都很重视，在政策文件、具体措施等方面都给予了大力支持。

（一）下发政策文件

上海市发布《上海市政府关于贯彻〈国务院关于推进文化创意和设计服务与相关产业融合发展的若干意见〉的实施意见》，提出“加强规划引导，支持各类市场主体以项目化方式打造形成一批文化创意产业园区、基地。鼓励各类产业园区、基地集聚文化创意和设计服务企业。进一步推进‘区区合作、品牌联动’，鼓励区县结合资源条件和产业特色，打造区域性创新中心和成果转化中心”。在《上海市文化创意产业发展“十二五”规划》中，提出“优化时尚发展空间，重点构建一批时尚创意园区、时尚消费街区”等任务。

浙江省政府今年4月出台了《浙江省人民政府关于加快特色小镇规划建设的指导意见》，提出每个特色小镇都要明确投资建设主体，由企业为主的市场化运作推进项目建设。特色小镇规划面积一般控制在3km^{2}左右，建设面积一般控制在1km^{2}左右。特色小镇原则上3年内要完成固定资产投资50亿元左右（不含住宅和商业综合体项目），特色小镇要建设成为3A级以上景区。

山东青岛，各区市在招商中对税收、土地列有优惠政策；在文化创意、科技方面定有明显政策，比如创意产业项目资金扶持政策，科技部门的孵化器、创客政策创业服务政策；在工业用标准厂房分割出售（300m^2）、股权投资（最高500万元）政策；经信委也在纺织服装创意产业方面加强引导基金政策。对于重点项目，青岛政府专门发文，比如在《青岛市人民政府关于印发青岛市2013年重点项目及责任分工的通知》［青政字（2013）9号］的文件中，青岛国际服装产业城项目列为青岛市政府重点建设项目第四位，对该项目优先保障建设用地指标、加大项目资金支持、强化项目调度和联合推动机制等。

（二）成立组织机构

浙江平湖2013年初平湖市专题研究创意园区的筹建工作，并成立了以分管副市长为组长、相关部门领导为成员的筹建工作领导小组，领导小组办公室设在市经信局。2013年成立了平湖服装创意服务有限公司，市财政用于园区装修、活动举办等经费投入逾800万元。

江西省经信委建立了省、市、区联动机制，加强部门与地方、政府与企业和院校的沟通，及时协调解决园区建设过程中出现的问题。青山湖区成立了中国（江西）针织服装创意产业园项目推进领导小组，九江市政府由分管副秘书长牵头积极推进丝绸文化创意产业园建设，南康区专门明确一位区领导负责园区推进工作。

（三）开展园区认定

上海市在市文创领导小组和市文创办架构下，修订发布了《上海市文化创意产业园区管理办法（试行）》。原有老厂房等存量用地，可以在土地性质、产权关系、建筑结构“三个不变”的前提下，盘活开发成为文化创意产业园区。园区应满足的主要条件有：有完整的园区发展规划，建筑、消防、安全、节能环保、卫生、历史建筑保护等符合规定，面积在1万m^{2}以上、商业配套在20%以下，入驻率在70%以上，有鲜明的主导产业。其中优秀的文创园区，给予示范园区认定。目前上海共认定了106家市级文创园区。此外，相关区县也认定了区级文创园区。

（四）开展品牌建设

上海设立了打造“品牌之都”“时尚之都”和“设计之都”的推进目标，以品牌建设为纺织服装产业和纺织服装园区的转型提升方向。具体做法：一是加强品牌宣传，举办首届中国品牌经济（上海）论坛，在人民网开设“品牌上海”专栏，支持举办中国国际服装服饰博览会、上海国际时尚周等活动。二是加强品牌意识植入，举办上海品牌掌门人培训、品牌创新沙龙，2014年全年举办17次，培训掌门人超过400人次；由东华大学建设的上海国际时尚创意学院以及由上海纺织集团建设的上海国际时尚教育中心，与伦敦时尚学院、纽约时装技术学院等国际顶级时尚教育机构合作，开始培养国际化的时尚设计、时尚买手等人才。三是强化品牌培育管理体系，通过市品牌专项资金，引导企业制定实施品牌战略，发动企业积极参加工信部品牌培育管理体系试点工作。四是扶持专业品牌服务机构发展，对品牌服务机构服务品牌企业产生的费用，通过专项资金予以补贴。五是推进上海品牌交易中心建设。根据《品牌价值》《品牌价值评价——纺织服装、鞋、帽制造业》等国家标准，试点开展纺织服装等领域的品牌价值评估和交易工作。

浙江省按照“培育一批、创建一批、命名一批”的工作要求，建立梯度创建工作机制，将分批次公布省级特色小镇创建对象、省级特色小镇培育对象、市级特色小镇创建对象三个层次的名单，形成上下联动、渐进发展的培育格局，力争三年内在全省创建100个特色小镇。像浙江平湖，在加强品牌建设和推广上，组织服装企业抱团参加相关展会和重点地区的时装周，每年召开重点服装企业新品发布会，举办平湖服装博览会、平湖服装设计大赛、服装流行趋势发布、服装产业论坛等活动。

（五）土地税收支持

浙江省在土地要素上将特色小镇建设用地纳入城镇建设用地扩展边界内，按照节约集约用地原则，充分利用低丘缓坡、滩涂资源和存量建设用地。对于确需新增建设用地的，由各地先行办理农用地转用及供地手续，对如期完成年度规划目标任务的，省里按实际使用指标的50%给予配套奖励；对三年内未达到目标的，加倍倒扣奖励用地指标。

（六）资金支持

上海市经认定的市文创园区，可优先享受市文创扶持资金支持。根据2015年项目申报指南，“对市级文化创意产业示范园区发展予以重点支持；支持具有示范带动作用的各类文化创意产业园区公共服务平台项目，以及为促进园区发展制定的发展战略、产业发展、功能定位等规划类项目，促进产城融合，实现外溢效应”。单个项目资金支持金额一般不超过300万元，支持比例一般不超过总投资的50%。2014年，有环东华时尚创意产业服务平台、“Design by shanghai”一设计师品牌营销推广等项目获得支持。

浙江省特色小镇在创建初期及验收命名后，其规划空间范围内的新增财政收入上交省财政部分，前三年全额返还、后两年返还一半给当地财政。再比如浙江平湖，对入驻的专业设计公司、高等院校、高层次人才给予相应奖励，对入驻单位起步阶段给予租金减免，对设计创新、产学研合作的项目给予相应补助。每年投入1000万元资金，用于支持一批重点服装企业的品牌推广。

北京投入7亿元的中小企业资金部分可用于园区建设。

四、园区建设对当地经济发展促进作用

创意产业园区无论是从设计师聚集、产品创新、丰富市场交易等方面对地方经济发展起到了一定的促进作用。

（一）盘活闲置土地资产，焕发旧工业建筑历史光彩

许多园区以“修旧如旧、建新如故”改造方式对空置多年的旧厂房用地进行改造，在盘活了国有存量土地资产的同时，也让旧工业建筑焕发出新的历史光彩。

比如北京主要的创意产业园区有798文化创意产业园、751DPARK创意产业集聚区等，这些地方都是在国有化工厂、设备厂旧址修建而成。

广州轻纺交易园也是如此，园区所处地块原属华南缝纫机厂、五羊—本田（广州）摩托厂等8家生产企业的生产基地，根据广州市政府“退二进三”“三旧”改造发展方针和实施办法，2011年，园区公司依托股东在地块资源控制、资金筹措、熟悉纺织行业运作及在国内具有影响力等方面优势，积极整合运营资源，采取“修旧如旧”“建新如故”改造方式，将地块原有旧厂房改造建设成为以纺织服装商品交易为核心的现代商贸流通服务业集聚园区。

（二）通过时尚活动，提升产业生命力、影响力和效益

广州轻纺交易园积极开展线上线下各类设计师时尚作品展示、时尚潮流会展、时尚潮流高层论坛和时尚设计交流会等活动，除引进行业盛典广东时装周外，园区还成为了“设计师嘉年华”“省长杯服装设计专项赛”等业内重大活动的固定主会场，为园区注入浓浓的时尚潮流气息。

厦门思明区龙山园区重视文创、设计产品相关展会活动的举办，平均每年举办高端展会活动200场，增加园区企业活性的同时，紧跟产业步伐，园区连续四年作为海峡两岸文博会分会场、连续三年作为厦门国际时尚周思明区分会场。精心为辖区台湾创业青年提供展示各自创新创意特色项目和产品的平台。

柯桥中国轻纺城连续两年成功举办柯桥时尚周。2015年由原来的柯桥科技时尚创意周升级为柯桥时尚周。第一届柯桥时尚周与深圳市服装行业协会进行合作；2016柯桥时尚周与中纺联展开全面合作，借助其在全国纺织行业的影响力，将柯桥时尚周从地方性活动提档升级为全国性时尚盛事。这些活动将创意和时尚元素融合在一起，提升了柯桥中国轻纺城作为国际纺织之都的整体形象和品牌，打造并扩大了“时尚柯桥”的概念和影响力，并且为基地企业带来了效益。2015年，柯桥时尚周暨深圳时装周走进中国轻纺城活动，使基地企业营业收入达到8.52亿元，同比增长11.8%。2016年，基地企业营业收入达10.35亿元，同比增长20%。

（三）借用外脑，提高地方设计创新能力

通过平台搭建与市场对接模式，使年轻设计师的产品设计转化到市场中去，尽快熟悉消费终端，弥补了设计师在创业初期资源不足的短板，推动设计师品牌的发展以及原创市场的丰富。

比如，北京中关村时尚产业创新园，目前合作的设计师达1890位，梧桐树网注册的设计师会员10300位。

广州轻纺交易园联合国际顶尖的服装打板设计学院创办意大利卡罗世纪服装学院全球唯一国外分院——卡罗世纪服装学院广州分院。通过引入国际顶尖的设计打板师资力量，并结合卡罗世纪的意大利标准，制定适合中国板型的评定体系，能帮助促进国内纺织服装产品标准与国际标准接轨，提升国产纺织服装的品质和档次，提升行业的研发设计及产品质量水平，为行业输送专业高端人才。

江西省以江西服装学院为核心，将该校优秀毕业生和设计机构联合引进园区。

（四）吸引社会资本，提高地方公共服务能力

比如广州轻纺交易园以“创新商品交易平台，打造现代服务业集聚园区”为发展目标，构建形成了展示展贸、设计研发、时尚发布、大宗商品电子交易、检验检测、金融服务六大功能公

共服务平台。

在福建厦门思明区，通过龙山文创公司对核心园区——龙山时尚中心的先行改造运营，积极示范引导，成功带动民营资本、社会力量参与改造，已建成厦门市工业设计中心、龙山时尚中心、大师楼、格瑞国际时尚艺术中心、启达创业园、海西青年文化创业基地、海西环保设计园、中明达文创广场、66婚庆园等多个分园区，吸引众多创意企业及配套企业入驻。同时拥有1个国家级（备案）众创空间、1个省级众创空间、7个市级众创空间、1个省级工业设计公共服务平台。

许多园区还建有秀场、会议室、“一站式”服务大厅、仓储基地、员工宿舍、标准篮球场、咖啡吧、针对电商企业特性的专业餐厅、便利店、银行等提供生活休闲所需。

五、园区建设存在的问题

各地方普遍认识到创意产业园对于经济新常态下产业转型升级的重要性，并不同程度的将创意产业园建设作为重要抓手持续推进。然而创意产业园区发展尚处于初期阶段，发展程度和发达国家相比还有一定差距，在世界经济一体化的背景下，其面临着巨大的机遇和挑战。

（一）客观方面

一是用地问题。创意产业园区项目介于商业地产和工业地产之间，土地性质难以定性，导致后续建设及销售模式较难确定，一些创意园区用地不能以工业用地性质通过审核，而商业用地摘牌的成本也让园区难以承受。二是政策问题。创意产业园区的公共服务平台是吸引企业和设计师进驻的重要因素，而目前这些公共服务项目还担负着较多的公益功能，如果没有政府的扶持政策，投资商将对于建设此类项目缺乏热情。一般来说，政府的扶持政策均要落地已启动建设的项目，对于还处在规划初期的创意产业园难以有针对性的推进措施。再者，即使已建成的小规模创意服务平台，如果没有政策支持，初期运营也会很难。三是人才问题。创意产业园区的专业人才目前以自身培育为主，成熟且经验丰富的比较匮乏，团队搭建缺口较大。四是运营收益问题。一些大中城市（如北京、上海）倡导总部经济，留下轻资产（研发、设计、创意、时尚环节）产业，将制造业外迁，制造业的体量缩小，相应的产值在减少。

（二）主观方面

在创意产业园区蓬勃发展的势头下，园区的建设也暴露出一些问题。全国各地陆续涌现的众多创意园，多数是一种追随模仿现象，关于园区目标是否符合本地区发展需要（功能定位）、盈利模式是否合理、园区公共服务平台是否能推动产业及经济的发展、园区规模是否与当地的消费需求相匹配等问题，需要进行深入的分析和规划。

六、政策建议

西方发达国家如意大利、英国、法国、美国等也曾是服装制造大国，但他们更早地将服装产业推进到了更高的发展阶段，重视创意文化、时尚和品牌价值，牢牢掌握与此相关的研发、设计、标准、营销等高端环节，并由此衍生出时尚产业。

建议一是对落户于创意产业园的服装文化创意和设计服务企业或设计师工作室，视同高新技术企业，减按15%的税率征收企业所得税；二是充分考虑创意产业园的公益性质，探索设立创意产业园专属项目用地；三是鼓励纺织服装企业、院校、科研机构成立战略联盟，引导创意和设计、科技创新要素向创意产业园集聚；四是加强文化创意人才的培养和引进，支持在高等院校设立文化创意相关专业，对于文化创意企业聘用海内外高层次的人才予以奖励。

广州轻纺交易园

一、整体发展情况

广州轻纺交易园（以下简称“园区”）位于广州市海珠区新港西路82号，地处轻纺产品集聚基地——中大纺织商圈的核心位置，占地约15万m^2，总建筑面积达30万m^2，是以大宗商品现货电子交易为核心，时尚创意、电商采购为引擎，多种交易模式并存的现代商贸流通服务业集聚园区。

（一）成立背景

广州轻纺交易园是广州联合交易园区经营投资有限公司（以下简称“园区公司”）投资开发的重大项目。园区公司成立于2010年3月，由广州汽车集团商贸有限公司、中国东方资产管理公司、广州市锦伦投资管理有限公司共同注资成立，注册资本4500万元。

园区所处地块原属华南缝纫机厂、五羊—本田（广州）摩托厂等8家生产企业的生产基地，根据广州市政府“退二进三”“三旧”改造发展方针和实施办法，2011年，园区公司依托股东在地块资源控制、资金筹措、熟悉纺织行业运作及在国内具有影响力等方面优势，积极整合运营资源，采取“修旧如旧”“建新如故”改造方式，将地块原有旧厂房改造建设成为以纺织服装商品交易为核心的现代商贸流通服务业集聚园区（图24）。

（二）建设成果

园区以“创新商品交易平台，打造现代服务业集聚园区”为发展目标，分三期对原旧厂房进行改造建设，改造后总建筑面积达30万m^2，引入面料批发商户比例为35%，设计师工作室和服装公司为45%，板型工作室约占10%，商业配套机构（包括产权交易所、金融服务机构、检验检测中心、餐饮服务商家）约占10%。构建形成了展示展贸、设计研发、时尚发布、大宗商品电子交易、检验检测、金融服务六大功能公共服务平台。

图24 园区全貌

1. 展示展贸平台

展示展贸是广州轻纺交易园的核心业务，通过打造以纺织服装商品交易为核心的展示展贸平台，为进驻商户提供产品展示、贸易洽谈、商品推广等“一站式”展示和销售服务，改变专业市场“现金、现货、现场”交易为主的传统交易模式，引导商家从“铺位经济”向“展厅经济”转型升级。

目前，园区已形成规模庞大、集约化发展水平高的纺织服装产业基础，引进了2000多户实力商家，经营产品覆盖牛仔、针织、时尚面料、裤料、纱线、辅料等纺织服装全产业链数万个品种（图25）。

2. 设计研发平台

园区联手广东省服装服饰行业协会、广东省设计师协会共同打造新港82设计师创意谷，实施引进国内外优秀设计师计划，为设计师们提供设计师工作室、样板间、写字楼，促使服装设计师与面辅料企业、服装品牌企业零距离对接合作，大力发展纺织服装设计、品牌策划、个性定制等新业态，推动纺织服装产业与工业设计融合发展，构建汇聚创意设计、面料研发、板型服务、培训交流、品牌孵化的产业全链优质资源价值平台。

目前，新港82设计师创意谷已有逾1000名国内外优秀设计师进驻，聚集了高端的时尚、创意设计力量，形成了中国最大的设计师集群（图26）。

3. 时尚发布平台

园区打造的国际时尚发布中心，面积约3000m^2，配置有华南地区最大的室内高清LED屏、专业音响及灯光等一流的时尚发布及展示硬件设施，是一个集T台展示、新品发布、品牌推广、行业会议、贸易洽谈、庆典等多功能于一体的展示发布平台（图27）。

国际时尚发布中心常年举办承办上百场时装展示、新品发布、行业趋势论坛、专题研讨会、座谈会等会议及展览活动，广东时装周、“省长杯”服装设计专项赛、设计师嘉年华等时尚盛事已落户在此。

4. 大宗商品电子交易平台

引进了广州交易所集团及其下属的产权交易所、物流交易所、碳排放权交易所等多家交易服务机构，并与其共同投资成立广州商品交易所，创建大宗商品电子交易区，实现现货、中远期现货、竞买竞卖等多种交易模式结合，帮助解决专业市场发展中遇到的瓶颈问题（图28）。

图25　展示展贸区

图26　服装设计师创意谷

图27　国际时尚发布中心

图28　广交所综合交易大厅

5. 检验检测平台

与广东检验检疫技术中心齐力建设国家生态纺织品检测重点实验室，为园区及周边行业企业提供包括纺织品类测试、审核、检验等服务，打造一个由政府权威检验机构引领的纺织产品质量信息交流和咨询服务平台，帮助和监督纺织产品质量的提升，为纺织服装产业营造公平公正的贸易环境。

6. 金融服务平台

引进渤海银行、工商银行、农业银行、中国银行、光大银行各支行以及证券公司、融资担保公司等多家金融机构，推出“好易贷”“盈商宝”等优惠贷款政策和融资服务，为园区企业及商家、创业者提供相关金融配套服务，降低企业的融资成本，满足中小企业和经营者的资金需求。

（三）获得的肯定及荣誉

自开园以来，园区获得了多位国家、省、市和区政府重要领导的关注，时任国家发改委主任徐绍史、国土资源部副部长王世元、国务院发展研究中心副主任侯云春、中央政治局委员省委书记胡春华、省委副书记省长朱小丹等先后莅临园区指导工作，对园区在“三旧”改造、土地节约集约用地以及促进专业市场转型升级发展等方面取得的成果给予了高度的评价。

所获得荣誉称号：

2017年，获国家工信部认定为“全国纺织服装创意设计试点园区（平台）”；

2016年，新港82设计师创意谷获科技部认定为“众创空间”；

2015年，获国家知识产权局认定为“第二批国家级知识产权保护规范化培育市场”；

2015年，获省经信委评定为“广东省工业设计中心”；

2013年，获评定为“广东省小企业创业基地”；

2013年，获广州市发改委评定为“广州市战略新兴产业示范工程”；

2013年，获评定为“海珠区重点企业载体”；

2012年，获评定为“广东省现代产业500强”；

2012年，获评定为“广州市中小企业创业示范基地”；

2012年，获广东省发改委评定为“广东省第二批现代服务业集聚区”。

二、创新发展举措

园区以“修旧如旧、建新如故”改造方式对空置多年的旧厂房用地进行改造，在盘活了国有存量土地资产的同时，也让旧工业建筑焕发出新的历史光彩。建园以来园区一直致力于实现传统纺织服装专业市场的转型升级，配合国家创新驱动发展战略政策积极创新发展模式，开拓多个创新项目推动行业资源集聚，引导纺织服装设计师、企业推进品牌建设，为纺织服装从业人员提供高效专业的服务。

（一）强化时尚发布效能，活化产业生命力

园区积极开展线上线下各类设计师时尚作品展示、时尚潮流会展、时尚潮流高层论坛和时尚设计交流会等活动，除引进行业盛典广东时装周外，园区还成为了“设计师嘉年华”“省长杯服装设计专项赛”等业内重大活动的固定主会场，为园区注入浓浓的时尚潮流气息。

园区现时每年有上百场设计展示、行业前沿论坛、座谈会、培训课程等行业盛事在园区全场亮相，搭建了服装创意设计展示、交流、合作的产业化平台，实现与周边商圈的差异化发展。

1. 广东时装周

2014年起，园区携手广东时装周主办方广东省服装服饰行业协会、广东省服装设计师协会共同举办一年两季的广东时装周，广东时装周永久落户园区。

2016年，园区打破常规，在广东春季时装周策划举办“广东时装面料秀”“广东服装产业链SHOWROOM”等展览活动，组织推动园区纺织服装商家企业、服装面料以主角身份出现在时装周的舞台，展示园区转型升级的成果（图29）。

图29　2016秋季广东时装周

2. 面料趋势展

联合具有丰富的服装设计趋势分析经验和设计师资源的“逸尚云联”共同举办，通过邀请服装设计师和面料企业参与，以面料静态展和讲座的形式向服装设计师传递“趋势—面料—设计”的信号，向面料企业展现面料营销的新方向。

3. 广东十佳服装制板师大赛

整合广东省制板行业的龙头资源，打造广东省内阵容最强的制板师比赛，为广东服装行业制板师们提供互相交流与学习的专业平台，让服装制板师的匠心和工艺得以发扬和传承，为行业发展提供高附加值的服务。

（二）孵化“设计家”项目，促进产业上下游联动发展

“设计家”项目由园区携手中国十佳设计师林姿含共同合作开拓，以优秀设计师为驱动，通过汇聚面料—设计师—服装公司—生产厂资源，打通产业链形成无缝对接，通过面料的定向开发和成衣的定制开发，促进成衣和面料的互动捆绑，推动“面料＋设计”战略的实现。

（三）发挥行业协会协同作用，促进资源有效整合

2015年6月，园区公司牵头并联合纺织服装

行业龙头，共同建设全国首个职业买手组织——广东省纺织服装时尚买手协会，以充分发挥时尚买手在设计师与纺织企业、服装企业之间的沟通和带动作用，打造产业资源价值链，推动设计成果产业化发展，提高供给结构对需求变化的适应性和灵活性，促进实现供需适配。

（四）发展电商经济，创新发展模式

轻纺行业附加值低，仅有技术创新而没有商业模式创新，很难把技术成果转换成产品形成市场竞争优势。当前“互联网+”发展快速，为纺织服装行业商业模式创新提供了有效的技术手段。

园区打造纺织服装电商服务平台，以“互联网+”带动纺织服装业的协同设计和网络定制，构建以消费者为中心的互联网商业模式，体现了科技与时尚产业的融合，助力整个行业发展形成新的竞争优势，从而带动整个产业的转型升级。

1. 创建“新港82设计师集成店”

利用第三方知名电子商务平台——京东网创建“新港82设计师集成店”，是园区“面料＋设计”战略下以打造区域品牌、孵化青年设计师品牌为目标的创新业务之一（图30）。

图30　设计师集成店

“新港82设计师集成店”作为与设计师互动的窗口，具备设计师资源整合、产品测试、产品销售等功能，运用互联网、大数据等新型技术建立市场调研及监测体系，获取市场第一手资讯，带动纺织服装业的协同设计和网络定制。

2. 打造电商总部集群

园区二期打造了国际纺织服装电商采购中心，大力引进具有“研发—设计—生产—销售”能力的国内外行业内实力电商企业和高端电商企业，形成电商企业集聚。

目前，搜芽网、裁缝铺、喜喜服饰等数十家纺织服装电商企业已进驻园区。

3. 建设线下体验店集群

园区三期重磅打造国际设计师体验店、品牌服装体验店、大型时尚买手店、设计师集成店等线下产品体验店，为电商企业和采购商提供全面的电商产品线下体验服务，集合潮流设计新锐力量。

4. 引入电商配套服务

为配合电商业务的发展，园区国际纺织服装电商采购中心还规划建设了国际电子商务物流基地，引进实力较强的物流快递公司；引入摄影、网络营销等企业，为电商企业业务提供完善配套服务；不定期举办电商课程培训及交流活动，引导园区内商家应用电商平台升级营销方式，为其提供电商技术支持。

（五）构建产学研平台，提供高效专业服务

创新是实现园区向前发展不竭的动力。为推动传统纺织服装企业向研发设计高端环节发展，园区公司近年一直积极推动产学研互链对接的合作，引进国际顶尖培训机构和实力院校，建立产业共性技术服务平台、教育培训平台，帮助面料商家、设计师、服装生产销售企业在产品设计研

发生产环节加强创新投入、科技投入，提升技术水平和生产效率。

1. 联合国际顶尖的服装打板设计学院——意大利卡罗世纪服装学院（Istituto Secoli）合作办学

在园区三期二楼建设2000m²教学场所，创办意大利卡罗世纪服装学院全球唯一国外分院——卡罗世纪服装学院广州分院。

意大利卡罗世纪服装学院（Istituto Secoli）是国际顶尖的服装打板设计学院。广州分院以实践教学为本，注重设计与制作能力的培养。通过引入国际顶尖的设计打板师资力量，并结合卡罗世纪的意大利标准，制定适合中国板型的评定体系，能帮助促进国内纺织服装产品标准与国际标准接轨，提升国产纺织服装的品质量和档次，提升行业的研发设计及产品质量水平，为行业输送专业高端人才（图31）。

2. 与实力院校共建产学研基地

园区已与东华大学、香港服装学院、华南理工大学、华南农业大学、广东工业大学、广州美术学院、广州纺织服装职业技术学院等20多所大专院校达成战略合作关系，通过整合双方优势资源、探索产业转型的智慧成果、举办高端技术性论坛等合作方式共同建设产学研基地及社会实践基地，帮助院校师生和园区纺织服装企业搭建对接平台，从院校专业的技术支持层面引领面料企业的产品研发和创新发展，提升纺织行业的技术创新速度，促进成果产业化发展。

三、未来发展战略

下一步，园区将继续完善展示展贸、设计研发、时尚发布、大宗商品电子交易、检验检测、金融服务六大公共服务平台的建设，为园区企业提供更优质的服务。同时，依托现有的传统纺织服装产业基础延伸发展研发设计，着力建设“三个中心”“三个平台”、打造一个生态圈，以此加强创新投入力度，创新园区营销模式，提升发展高度，进一步促进整个产业实现更高维度的转型升级。

（一）三个中心

1. 面料开发中心

园区以面料流行趋势分析及服装销售大数据

图31 意大利卡罗世纪服装学院开学典礼

分析为依据，引导和推动面料商户转型升级，力求以面料设计、开发、展示、服务作为园区商户的核心，建设中国面料开发及展示中心。

2. 服装设计中心

园区现有超过1000户设计师工作室，园区计划以合作方式孵化知名设计师和有潜力的年轻设计师，促进设计师与新型面料的结合联动，整合服装销售渠道，通过showroom及定向品牌合作等方式形成华南首个服装设计中心。

3. 板型服务中心

园区已引入世界级板型培训学校——意大利卡罗世纪服装学院设立分校，同时引入超过300家板型工作室，未来将通过更多板型培训、板型大赛、中高端板型服务、板型行业认证等多项措施，制定板型的行业标准，并推动园区成为中国最集中的板型基地。

（二）三个平台

1. 纺织服装大数据应用平台

整合服装销售数据、面料销售数据、国内外流行趋势、设计师和面料上的趋势判断，用专业的分析工具和方法，形成有针对性的面料细分品类分析报告，为面料商、设计师、服装公司等提供数据服务。

2. 纺织产业金融平台

促进与面料的生产、批发、设计、服装销售等形成全方位对接，联动物流和仓储环节，形成有力的监控，与大型金融机构合作，为纺织行业打造全产业链金融服务。

3. 纺织创新产学研对接及孵化平台

整合中国纺织行业的高校科研资源，与广东纺织行业开发、生产企业形成对接，用第三方平台的方式降低对接成本和企业风险，以风险投资方式介入产业技术升级，共享收益，加快行业转型升级。

（三）纺织服装生态圈

以“面料 + 设计 + 板型”作为园区发展核心，整合服装生产、纺织产业物流、大宗商品交易、零售批发、产业金融服务等各个环节，促使多界资源在园区形成有效对接，打造新型的纺织服装生态圈。

历经七年建设发展，园区用创新与智慧，为旧工业建筑、为老商圈的光彩焕发和纺织服装产业的新飞跃提供了源源动力。随着国际经济全球化、信息化的发展趋势，大数据时代已来临，传统的轻纺行业优势逐步减弱，如何帮助面料商摆脱原有传统面料批发的模式，培育孵化纺织行业的创新型企业和设计师品牌，推动纺织服装行业实现跨越发展，是我们眼下面临的重大挑战。“三个中心”“三个平台”“一个生态圈”是适应时代发展与产业发展相结合的科学蓝图，园区将以“创新”“突破”为驱动，以“面料+设计+板型”为核心，继续致力于优质客户与优质品牌的对接，为行业的转型升级搭建更具有实效的功能平台，实现这个科学蓝图的构筑，推动行业传统经营模式的变革，打造一个新型的纺织服装生态圈。

海峡两岸龙山文化创意产业园

一、园区基本情况

海峡两岸龙山文化创意产业园（以下简称龙山文创园）位于福建省厦门市思明区。园区总占地面积54公顷，累计产值超过百亿，目前入驻企业570家，拥有文创类企业300多家，占园区企业总数60%，就业人数4000多人，文化产业从业人数占总人数的50%。园区内现有台资企业59家，台湾地区青年人数87人，涵盖台湾地区的工业设计、创意陶瓷、影视制作等文化创意领域。

园区先后获“福建省十大重点文化产业园区”“中国创意产业最佳园区奖”等荣誉称号，成为福建省唯一获“龙腾奖”殊荣的文化创意产业园区，同时入选国家级闽台文化产业试验基地。2015年被两岸企业家峰会授予“两岸文创产业合作实验示范基地”。龙山文创·三维创客创业孵化基地获“2015厦门十大众创空间”称号。园区2017年1月5日入选国家工信部的“纺织服装创意设计试点园区(平台)”，成为首批12家纺织服装设计试点园区(平台)之一。

二、园区发展思路与路径

龙山文创园原本是厦门的龙山工业区，都是20世纪80~90年代的老旧工业厂房，随着厦门岛内“退二进三”产业结构调整政策施行，原有企业陆续搬离厦门中心岛，留下了一间间空旷的厂房建筑群，闲置或有些被改为仓储用途，整体业态落后。2009年，厦门市思明区转变发展观，在不改变原有土地性质和产权归属的前提下，土地利用方式以内涵为先，通过向园区注入时尚和文化元素来转变老工业区改造方式，从而将机器轰鸣的工业厂房“变”为海峡两岸龙山文化创意产业园，创造出包含产业、城市、社会三个转型“龙山模式”。园区发展目标：一是打造特色创意中心，重点引进工业设计、时尚设计等创意设计项目。二是打造对台文创交流中心，重点集聚台湾地区优秀文化创意企业、项目和人才，体现“台湾原创（生活创意）”和“高端设计”。

在思明区委、区政府的“微改造”理念指导下，龙山文创园在完成三大核心区域的主体项目建设运营的同时，实施“政府引导、市场运作、多元投入”的发展模式。通过龙山文创公司对核心园区——龙山时尚中心的先行改造运营，积极示范引导，成功带动民营资本、社会力量参与改造，已建成多个国有和民营企业运营项目，目前，园区已建有厦门市工业设计中心、龙山时尚中心、大师楼、格瑞国际时尚艺术中心、启达创业园、海西青年文化创业基地、海西环保设计园、中明达文创广场、“66”婚庆园等多个分园区，吸引众多创意企业及配套企业入驻。同时拥有1个国家级（备案）众创空间、1个省级众创空间、7个市级众创空间，1个省级工业设计公共服务平台。

三、园区优势与特点

（一）文化创意设计方面

培育设计品牌企业15家，培育设计人才500人以上，产生100项以上知识产权及专利并转化带动产业发展。园区设计企业屡次夺得国际顶级奖项：2015年厦门洛可可设计有限公司和大雅传奇公司分别夺得德国红点设计大奖；2016年园区企业大雅传奇获得2016年红点设计奖全球第十名，该公司的设计作品一举夺得5个美国IDEA大奖、3个红点奖。

（二）高端人才方面

厦门斯玛特集团吴怀宇、厦门市瓷窑文化创意有限公司林鸿福、厦门络城电子科技有限公司李晔国、厦门达天电子科技有限公司耿得利等均为厦门高层次人才“双百计划”领军型创业人才；高端定制高跟鞋品牌杰喜的创始人陈树青，于2016年获得光华龙腾奖——中国设计业十大杰出青年；中国十佳时尚设计师刘勇在2016中国时尚大赏颁奖典礼上，获得中国时装设计最高奖——金顶奖。

（三）产业协作方面

园区内企业通过搭建的平台共创共享，形成了良性的产业对接和协作。以时尚产业为例，园区已经初步集聚了从原创设计、服装面料、服装板型、时尚眼镜、箱包配饰到时尚模特、时尚彩妆造型、时尚摄影、时尚品牌发布、时尚秀场等一系列时尚产业链条，并由企业与企业之间自由整合资源。创意设计方面，园区孵化企业涂鸦堂的技术支持来源于同一空间的“哎呀成象”胡迪尼公司原创；胡迪尼公司则获得了著名天使投资人蔡文胜的投资。

（四）两岸青年创业方面

龙山文创园以打造“对台文创交流中心”为主要发展目标之一，重点集聚中国台湾地区优秀文化创意企业、项目和人才，体现“台湾地区原创（生活创意）”和“高端设计”。园区内现有台资企业数量59家，台胞及创业青年人数近87人，涵盖雕塑作品、创意陶瓷、影视制作、台湾地区特色音乐教育等文化创意领域。

2015年11月举办的“2015两岸紫金山峰会”，由曾培炎（曾任中共中央政治局委员，国务院副总理）担任峰会大陆方面理事长，萧万长（中国台湾地区两岸共同市场基金会荣誉董事长，中国台湾地区原副领导人）担任峰会中国台湾地区理事长，并由中共中央政治局常委、全国政协主席俞正声致辞开幕式。峰会上，龙山文创园捧回“两岸文创产业合作实验示范基地”牌匾，成为国内首批八家获此殊荣的文创园之一。龙山文创园还于2016年7月被确定为“思明区台湾青年创业基地”。

四、园区服务与成效

（一）园区管理主体及组织架构

思明区委托下属国有企业厦门市龙山文化创意产业有限公司，全面负责龙山文化创意产业园建设、管理、招商和服务。厦门市龙山文化创意产业有限公司邀请厦门市文化创意产业方面专家学者、入驻园区的行业领军人物及龙头企业代表等共同建立园区战略发展委员会及园区事务协商委员会，就园区战略发展方向、产业定位、空间布局等事项与园区管理机构共同研讨商议，建言献策。

（二）园区展会、活动

园区重视文创、设计产品相关展会活动的举办，平均每年举办高端展会活动200场，增加园区企业活性的同时，紧跟产业步伐，园区连续四年作为海峡两岸文博会分会场、连续三年作为厦门国际时尚周思明区分会场。每年组织具有代表性的文创企业参加厦门和台湾的两岸文博会、海峡论坛·海峡两岸青年（高校）创意创新创业大赛、福州海峡“6·18”项目成果交易会、福建省创意产品设计评选等活动。作为2017年第九届海峡论坛重要分会场之一，园区承办了海峡两岸卫生与健康论坛·移动健康产业发展龙山论坛、海峡论坛·第二届两岸人才机构合作洽谈会文化创意产业专场、海峡科技专家论坛·海峡两岸创意设计研讨会三大分论坛。通过展会和大赛平台对接企业和项目，获得广泛好评，是厦门市高端文创品牌活动的标杆和主要承接平台。

龙山文创园作为厦门国际时尚周发源地和承办机构，园区已连续三年作为厦门国际时尚周分会场举办华人时装设计大赛等时尚重大品牌活动。连续七年参加海峡两岸文博会，并作为分会场组织两岸文创活动。园区还连续两年承办海峡论坛、海峡两岸创意设计研讨会、海峡两岸旗袍文化节、海峡两岸新兴信息技术融合与产业合作研讨会、海峡两岸影像文化产业论坛等一系列重大活动。同时，在思明区台办指导下，龙山文创公司积极策划举办多次“龙山文创园台湾青年创意市集活动”，精心为辖区台湾创业青年提供展示各自创新创意特色项目和产品的平台。

（三）园区金融配套

（1）通过与银行、私募股权（PE）等金融机构合作并整合资源，为园内企业创业提供长、短期发展急需资金等配套资金服务，解决企业发展瓶颈。与兴业银行合作构建小微企业银行创业贷款、新三板贷款等绿色通道，推荐园区内资质较好的小微企业可进行无抵押贷款，成为兴业银行在全国首个试点园区。

（2）承办银行等金融机构举办的企业创业比赛，为园区企业搭建金融服务平台。如2016年厦门银行杯小微企业创业创新大赛，该比赛为入围企业提供创业奖励，为获奖企业提供最高300万元的信用贷款。

（四）园区交通设施配套

（1）完善设施标识。制定落实《龙山片区交通改善方案》，科学组织园区交通，调整部分道路为单行道（龙山中路、龙山东路），实行进出分离；增加安装信号灯和监控设备；完善交通标识引导系统，增加金尚路、吕岭路、成功大道等主干道进入园区的引导标识。

（2）着力缓解园区停车难问题，结合交通组织改造，规范路面停车管理，新增路面停车位53个；推动工业设计中心后侧停车楼规划建设，引导龙山66婚庆园、海西环保设计园等项目改造中同步配套停车设施。

（3）筹建一支交警警辅队伍专门负责龙山片区，持续加大巡查力度，整治违法停车行为，加强高峰期交通疏导。

（4）完善园区慢行系统，倡导绿色出行，推动公共自行车系统建设，完成莲花五村3路车公交站站点、龙山南路马路天使驿站等站点建设。

（五）园区生活配套

通过政府引导、市场化运作，陆续开业一批高品质配套项目。尤其是创新社区创建催生龙山片区咖啡馆相继开业。为满足园区企业员工生活需求，聚牛餐饮、地中海公寓等生活配套陆续完善。

（六）园区服务配套

（1）推进智慧园区建设。实现千兆光纤入户，免费公共Wi-Fi覆盖园区核心区广场和大师楼一楼。厦门市龙山文化创意产业有限公司还与福建省电信云事业部签署战略合作协议，建设“龙山—电信设计云”数据中心，引入电信网络2G宽带及接口设备，满足园区内各类设计师在设计过程中对园区有效宽带、运算速度与能力的需求。

（2）建设公共服务大厅。集成思明区、厦门市行政服务中心等十多项政府服务，覆盖国地税、工商、社保、政务信息和银行六大板块业务，为园区企业和员工提供常办政务事项需求，兼具政务服务、商务服务、园区服务等功能，促进园区产业聚集与社区生活融合，完善园区产业公共管理服务体系。

（3）强化企业人才服务。了解企业人才规模、层次和服务需求，建立专门的人才基础数据库，建设思明区人才服务驿站、龙山文创园台胞驿站等平台，为人才提供专业服务。

五、当地政策支持

为进一步推进龙山文化创意产业园项目转型改造、促进产业集聚发展，思明区政府对原《思明区人民政府关于印发〈鼓励与扶持龙山文化创意产业园发展实施方案〉的通知》［厦思政（2010）103号］进行修订，制定《思明区鼓励扶持龙山文化创意产业园发展若干规定》［厦思政（2014）156号，以下简称《若干规定》］。《若干规定》印发实施以来，对于推动园区改造提升、促进产业集聚发挥了积极作用，现已引入计文波、刘勇、杨子、蔡美月（中国台湾）等大师工作室，万致创意中心等项目启动改造，引进洛可可、行动派、Standard Studio（美国设计师Stephen工作室）、汇新饼干工坊等一批文创企业。2016年第一批已兑现财政扶持581.47万元，充分发挥政策实效。

在此基础上，为进一步修订完善政策、及时兑现扶持，不断增强政策引导，厦门市思明区人民政府出台《思明区鼓励扶持龙山文创产业园发展若干规定的补充意见》，引入园区战略发展委员会、行业协会等第三方机构进行评审等举措，扶持措施更精准、力度更大，更具操作性。同时，厦门市发改委等部门制定《厦门市服装设计行业发展扶持资金管理办法》，以加快推动厦门市服装设计行业发展。

六、园区未来发展方向

龙山文创园聚焦文化创意设计这一主导产业，通过实施八大行动计划（主导产业升级、创新人才提质、创新平台增效、公共交通优化、文创氛围营造、生活设施完善、园区社区融合、政务服务提升），完善六大产业服务体系（以时尚设计为核心的文创产业体系，适应产业发展需求的人才支撑体系，全方位专业化的创新平台体系，多元化便捷性的生活配套体系，园区社区相融合的人文交流体系，线上线下互通的公共服务体系），努力打造一个适合文化创意产业发展的完整产业生态系统。下一步，将继续围绕产业、环境、配套、服务等方面推进龙山文创园发展，不断提升多元、开放的文化产业示范园建设水平，计划三年实现园区产值突破60亿元。

（一）突出规划引领，持续提高龙山知名度

与厦门市规划院合作，制定《龙山文创园片区改造修建性详细规划》，打造“一轴两区”空间架构，以龙山南路为轴线，将时装设计中心、时尚展示中心和工业设计中心所在约10万m^2区域划定为产业核心区，并积极建设拓展区，通过科学规划带动园区有序健康发展。主动开展宣传推介，努力拓展园区公共开放空间，加快打造华龙实业地块内烟囱前广场，力争成为龙山文创园的新地标，进一步提高文创园知名度。

（二）坚持共同缔造，持续促进园区融合

发挥龙山园区融合的基础优势，以共同缔造贯穿创新社区建设始终，支持两个委员会开展工作，引进更多行业协会，鼓励投资者、创业者、企业员工、社区居民等参与社区建设。

（三）完善园区配套，持续提升服务水平

完善龙山文创园扶持政策，发挥市场力量和政策引导作用，加速低端业态调整；结合老旧厂房项目改造，增加停车设施、创客公寓、休闲娱乐等配套；启动中、小学及幼儿园项目建设，完善片区教育配套；充分发挥公共服务大厅功能，满足园区企业、员工、业主及居民的需求，并不断充实扩展服务内容，完善智慧园区建设，推动更多线下服务走到线上。

（四）聚焦重点项目，持续推动园区发展

用好创新创业集聚区老旧厂房改造政策，继续推进“66”文创园、鼓浪屿食品厂改造、鹭意彩色母粒厂房改造、诚益光学厂房改造、原丰联达地块开发等项目，拓展产业发展空间；注重引进龙头带动性项目，培育一批有影响力的时尚设计名企名师，进一步丰富和充实“台湾元素”；携手赛伯乐、九牧等知名企业，打造一系列高品质项目及平台。

绍兴市柯桥区纺织工业创意设计基地

一、基地整体发展情况

2008年以来，柯桥区为促进传统纺织产业转型升级，提出将柯桥打造成为“三大中心”（即国际性纺织制造中心、贸易中心、创意中心），并以“国际性纺织创意中心”作为发展目标，全面启动柯桥区纺织工业创意设计基地建设，规划建设了以F5创意园（含创意大厦）为依托的绍兴市柯桥区纺织工业创意设计基地，该基地是纺织工业设计产业集聚为主的特色园区。主要通过对纺织原料、面料和服装进行技术、外观和品牌营销的创意设计，提升产业和产品的核心竞争力（图32）。

图32　柯桥区纺织工业创意设计基地

2008年，基地推进浙江省现代纺织技术与装备创新服务平台建设，单列300万元专项经费扶持该平台建设。2009年，绍兴市柯桥区纺织工业创意设计基地引进科技型孵化企业8家，纺织服装设计研发机构22家，并建成“零成本创意工作室”。2010年，绍兴市柯桥区纺织工业创意设计基地获得“2010年中国创意产业最佳园区奖”。2011年，基地纺织服装创意企业累计达到104家，集聚各类创意设计人才1100多人。基地成功申报了浙江省特色工业设计示范基地、绍兴市海外高层次人才创业基地。2012年，基地累计落户创意设计机构131家，集聚人才1512人，其中市“330计划”20人、“省千人计划”6人、“国家千人计划”3人。全年基地企业设计研发等服务性营业额达1.06亿元，增长51%。2012年被正式认定为“首批浙江省特色工业设计示范基地”“绍兴市海外高层次人才创业基地”“省级海外高层次人才创业创新平台”。2013年，通过浙江省省级特色工业设计示范基地考核并获浙江省第三名。全年新引进项目41个，基地企业营业总收入达6.53亿元，其中设计研发、技术服务等营业收入增长15.1%，达到1.22亿元，带动制造、贸易企业形成83亿销售。2014年，全年新引进项目106个，基地企业营业收入达7.6亿元，同

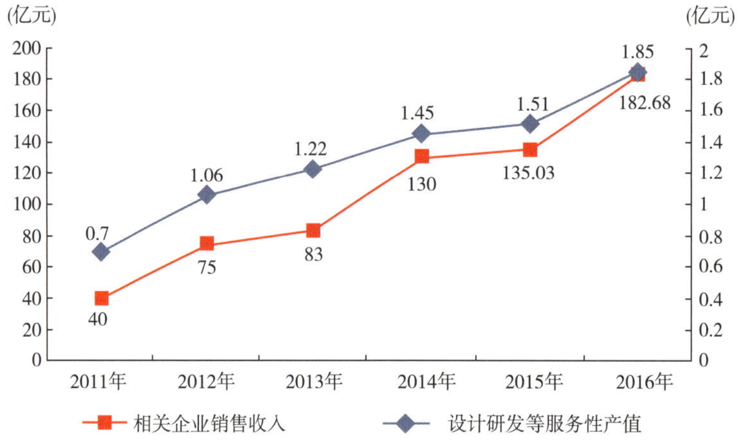

图33　2011~2016年园区相关企业销售和设计研发等服务性产值情况

比增长16.4%。成功举办2014年柯桥科技时尚创意周暨第五届中国（柯桥）纺织花样设计展览活动，创意周以18个子活动为载体，活动47场次。2015年，基地企业达到388家，纺织创意设计产业相关从业人员2812人，成功地举办了2015柯桥时尚周暨深圳时装周走进中国轻纺城活动，基地企业营业收入达到8.52亿元，同比增长11.8%。2016年，大力扶持柯桥区时尚创意产业发展，制定了《柯桥区时尚产业发展规划》等相关文件，基地企业营业收入达10.35亿元，同比增长20%（图33）。

二、园区其他情况

（一）基地发展思路和优势特点

依托柯桥纺织产业集群优势和中国轻纺城面料市场优势，紧紧围绕打造“国际性纺织创意中心”以及“时尚柯桥、印象柯桥、幸福柯桥”总体目标，以新型纺织面料、花型设计、服装板型等设计内容为主体，抓住新一代信息技术革命的机遇和柯桥创意产业发展的政策优势，以纺织创意设计为特色，充分挖掘设计研发服务需求，通过植入“互联网基因”，基地下属浙江瓦栏文化创意有限公司的瓦栏网自2012年建站以来，通过“在线试衣”“图像识别”“版权登记”“瓦栏学院”，吸引了11个国家的3万多名客户和国内外1900多家花型设计工作室，帮助客户加快面料开发效率和降低开发成本，帮助设计师实现自由设计和创业，并且基地致力于网络开放平台导入知识产权的保护，吸引更多的企业参与互联网创意设计环境的打造，在此过程中导入高科技元素，借助互联网思维创新基地运营模式，进一步完善纺织创意产业链，促进纺织创意产业与纺织制造业对接，使绍兴市柯桥区纺织工业创意设计基地成为接轨国际、领跑国内、智慧赶超的集聚纺织创意的高端要素和引领文化时尚的新型时尚创意集聚区，打造中国流行趋势（中国流行时尚）发布中心，成为“时尚柯桥”建设的主战场。

基地十分注重加强与国内外纺织科研院所、高等院校、创意机构等的交流合作和创意对接，谋划具有柯桥特色和亮点的“柯桥时尚周”这个创意设计展示平台，充分利用中纺联、中国纺织产品开发中心、中国时尚同盟、深圳市服装行业协会、香港理工大学、新丝路时尚机构等专业机构进行深度合作，进一步强化柯桥时尚周合作的深度和广度。与此同时基地进一步强化相关纺织面料企业与国内一线设计师、品牌、产业上下游等高端行业资源的互动交流和精准对接，充分利用两大时尚平台——时尚发布厅、时尚@家，举办各类时尚对接活动，同时，加大中纺CBD国际时尚中心、轻纺城创意园广告艺术中心等重点时尚平台的建设推进和运营管理工作，为建设时尚柯桥提供专业化、多元化、系统化的对外宣传和推广窗口。积极对接境外设计师，让优秀的设计企业和设计师落户柯桥，同时让时尚活动注入新活力、常态化。目前，基地已成为全省，乃至全国时尚创意设计人才和企业的集散中心之一，相关企业初具规模，且增长迅速，展现了极强的生命力。

基地成立以来，将重点定位在“纺织创意设计”这个领域，不断强化纺织工业设计推动传统纺织产业转型升级。不仅有利于促进纺织创意产业集聚发展，更有利于提升纺织产品品牌知名度和附加值。目前已形成了从原料、面料到服装、家纺的完整产品链，提高了市场的核心竞争力。

（二）本地政策支持

绍兴市柯桥区委区政府高度重视纺织创意产业发展，将纺织创意产业发展作为推进经济转型升级的重要内容。相继成立了中国轻纺城创意产业发展领导小组和柯桥区时尚产业发展领导小组。出台了《关于加快发展创意产业的实施意见》、“科技三园发展专项扶持政策”等一系列文件。2016年，在编制完成了《柯桥区时尚产业发展规划》的基础上，又首次出台了《关于加快培育发展时尚创意产业的政策意见》，明确设立1500万元时尚创意产业培育、扶持资金，涵盖时尚创意产业版权保护、时尚创意基地建设、时尚创意产业龙头培育、时尚创意活动举办四个方面，为鼓励支持基地企业发展提供了良好的政策支持。

（三）基地服务成效

柯桥区时尚创意产业建设作为基地的亮点与重点工作，起源于柯桥区工业创意设计基地建设，经过六年多的发展，已初步形成以原材料开发、面料研发、服装家纺设计、自有品牌培育为主的时尚脉络体系，实现了从无到有、从小到大的跨越式发展。

1. 建立工作机制，完善时尚创意产业体系建设

时尚创意产业是我区“十三五”期间重点发展的五大千亿产业之一，成立了柯桥区时尚产业发展领导小组，明确分管领导和工作团队，完成了“时尚柯桥”建设和统筹协调顶层机构的设立工作。圆满完成了《柯桥区时尚产业发展规划》，制定了《柯桥区加快推进时尚产业发展实施方案》及《时尚创意产业五年行动计划方案（初稿）》，对五年任务做了细化分解，为构筑错位互补、有机协调的多层次时尚功能体系打下扎实基础，同时明确了一批重点产业、龙头企业和重大项目。

2. 培育发展时尚创意企业，提升竞争能力

时尚创意三大园区企业发展势态良好，企业集聚以平均每年15%以上增长，从业人员以平均每年17%以上增长，设计研发等服务性营业收入呈现连年增长的好趋势。截至2017年6月，基地创意企业实现营业收入达5.93亿元，带动121.49亿元销售，同比增长20.32%。园区平均每年能设计花型4万多幅，注册花型版权等外观专利3000多件，设计服装家纺2000多款，服务工业商贸企业达9000批次。服务面涵盖区内三分之二企业，带动相关制造、贸易企业获得良好业绩。此外，园区培育了彩色橡设计、原色数码设计、皓质华琚、时集等一批优秀设计研发企业，孵化了吉玛良斯、百思服装等一批优秀设计师品牌，打造了浓厚的时尚创意氛围。

3. 优化升级时尚活动，提升平台品牌

连续两年成功举办柯桥时尚周。2015年由原来的柯桥科技时尚创意周升级为柯桥时尚周。第一届柯桥时尚周与深圳市服装行业协会进行合作；2016年柯桥时尚周与中纺联展开全面合作，借助其在全国纺织行业的影响力，将柯桥时尚周从地方性活动提档升级为全国性时尚盛事。期间不论是发布流行趋势、展示时装品牌，还是知名设计师、模特大赛，都紧扣柯桥的产业、企业和产品。整个时尚周成效积极而明显，百余家全国权威主流媒体、时尚媒体、行业媒体等参与新闻传播。这些活动将创意和时尚元素融合在一起，通过创新活动方式，整合了各方时尚品牌及媒体资源，提升了柯桥中国轻纺城作为国际纺织之都的整体形象和品牌，打造并扩大了“时尚柯桥”的概念和影响力。

（四）基地未来发展的方向

2016年以来，绍兴市柯桥区纺织工业创意设计基地以《柯桥区时尚创意产业发展规划》作为发展的行动纲领。力争到2020年，把柯桥时尚创意产业培育成为总收入超过千亿元的大产业集群，基本建成国内领先、具有较强国际竞争力的时尚产业基地，成为国内时尚产业发展的先行区和全省时尚产业转型升级的示范区。

以完善时尚创意产业价值链条、构筑纺织服装创意设计产业生态体系为方向，全面发展创意设计，提升创意设计产业创新能力和渠道掌握能力。发展龙头、重点领域和产业布局，为孵化时尚人才、开发时尚前沿技术、培育时尚品牌和高新技术含量的时尚产品、培育面向国际市场的时尚企业提供方向性支持。大力推进废旧厂房主题化改建提升，打造一批具有特色的时尚地标，提升功能形象和集聚辐射能力。加快培育基地龙头企业，合力搭建基地“互联网 + 设计”、合作创新和创意孵化三大产业支撑平台，抓紧完善人才发展、时尚传播、金融引导三大时尚产业资源开发机制。

响应浙江省七大万亿产业培育新思路、提升改造传统产业、优化产业结构、向都市型工业迈进的战略路径，发展绍兴市柯桥区纺织工业创意设计基地，培育新的经济增长点。到2020年，形成以设计、营销为核心，以制造制作为基础，以自主品牌为标志的时尚产业体系，实现柯桥从织造印染为主的纺织产品制造中心向创意设计引领的时尚产业创造中心转变，成为国内时尚产业发展的先行区和全省时尚产业转型升级的示范区，形成时尚设计、时尚制造、时尚服务和时尚消费为四大主导领域的产业格局，销售利润率实现较大幅度提高。

借助固定项目和循环流动项目，把柯桥打造成为时尚活动的聚集地和大平台。把柯桥时尚周作为一个定期定点综合展示柯桥时尚元素、提升柯桥影响力的重要平台，不断推陈出新，与时俱进推出时尚活动，把基地打造成为区域品牌走向国际、国际品牌辐射中国的服务平台和原创设计培养提升的孵化基地。

E-FashionTown时尚之城订制之都

艺尚小镇地处杭州城东智造大走廊主要节点，临平副城核心位置，地理位置优越、产业基础扎实、是杭派女装的主产地。小镇立足“生产、生活、生态”融合发展，抓机遇，扬优势，努力实现产业特色鲜明、人文气息浓厚、生态环境优美、兼具旅游与社区功能的时尚特色小镇，成为杭州市，乃至浙江省的金名片，成为在全国乃至全世界具有核心竞争力的时尚产业新地标。

一、小镇概况

小镇规划面积3km^2，于2015年6月列入第一批省级特色小镇创建名单，2015年10月启动建设，2016年9月正式开园。艺尚小镇是余杭区政府与中国服装协会、中国服装设计师协会联合打造的“中国服装行业‘十三五’创新示范基地”，是中国服装·杭州峰会、亚洲时尚联合会中国大会的永久会址（图34），也是亚洲时尚设计师中国创业基地所在地，并获评省级标杆小镇、入选全国首批纺织服装创意设计试点园区（平台），2017年7月浙江省特色小镇综合指数排行榜，艺尚小镇获得86.13分的综合评分，位居全省特色小镇第一。

图34 亚联会中国委员会秘书处设立授牌仪式

围绕“打造中国时尚产业新地标”目标，小镇加快规划、建设、招商步伐。小镇自2015年开发建设以来，截至今年上半年累计完成投资55.44亿元（不含住宅和商业中合体），非国有投资41.4亿元，占比75%，特色产业投资41.48亿元，占比75%，特色产业投资实现营收92.06亿元、税收4.09亿元。集聚国内外顶尖设计师20名，其中金顶奖设计师4名、全国十佳设计师12名；引进区域性服装企业总部36家，企业503家，其中时尚产业304家，纺织服装类企业173家。

二、新产业新模式，为时尚设计人才筑梦圆梦

（一）融而明——创新规划体系

小镇按照创新、协调、绿色、开放、共享发

展理念，结合自身特质，找准产业定位，科学进行规划，挖掘产业特色、人文底蕴和生态禀赋，形成“产、城、人、文”四位一体重要功能平台（图35）。制定完成《艺尚小镇概念性城市设计成果稿》《艺尚小镇旅游发展规划》《“杭州·艺尚小镇”发展服装规划纲要》等规划文本，对小镇建设、旅游、产业进行了全面科学地规划，实现小镇“三生”领域的高水准跨界整合。

（二）特而强——转型升级产业

依托品牌力量，引进创新业态，主动嫁接国内外资源，打造时尚产业生态圈。一是明晰空间布局。时尚文化街区重点汇聚顶尖设计师，通过加强产业链上下游，打造中国乃至亚洲时尚设计力量第一街区。时尚历史街区是时尚产业服务平台，为企业提供品牌战略、专利战略、创意技术等多门类、全方位、可持续运营解决方案。时尚艺术街区打造国际化时尚社区和世界级时尚品牌互联网发布中心，汇聚世界各地时尚力量。二是依托品牌力量。借力国外优秀品牌和资源，推动传统服装行业转型升级。截至目前，共503家企业入驻艺尚小镇，其中纺织服装类创意设计企业173家。文化街区入驻企业杰客（杭州）JAC服饰有限公司从传统杭派女装企业主动求变并成功转型为国际服装品牌走向高端，入驻至今已在全国各地新开专卖店1200家，每年增速30%，在服装行业整体下滑的大环境下保持了良好发展态势。去年引入的BBG品牌成功融合欧洲私人定制高级品牌、亚洲时尚设计师、国际大品牌供款及健康科技产品，打通数据收集、设计、生产、销售、物流各个环节，为服装品牌商、经销商、个体消费者提供一站式解决之道。三是引进创新业态。去年以来，重点引进融合型、平台型、服务型时尚产业新业态，与国外资源互联互通，引领国际时尚产业发展新方向。其中，今年年初入驻的国内首家订阅式女性穿衣服务平台“多啦衣梦”累计拥有注册用户50万、日活跃用户数3万，并于3月再获1200万美元A+轮融资。国内最大互联网娱乐人才服务商“美空网”已拥有注册会员260余万人，成功获得中国香港上市公司拉近网娱集团战略投资，并在B轮融资中获得近亿元投资。海内外独立服装设计师服务平台“云衣间”已拥有100多位独立设计师和100多个集成店，通过资源整合帮助国内外新锐设计师成长发展。

图35　文化艺术中心效果图

（三）引而升——培育国际人才

注重引进高端设计类人才、加强跨国专业培训，厚植国际时尚深厚底蕴，打造国内外优秀时尚人才集聚区，实现产城人文融合发展。一是借助行业引擎“引进来”。与中国服装协会、中国服装设计师协会等“国字号”行业协会联合，通过五年时间建立“国际时尚人力集聚中心”“国际时尚创意交汇中心”“国际时尚产品领导中心”，合力将艺尚小镇打造为中国服装行业“十三五”创新示范基地。今年，为进一步凝聚合力、集聚资源、强化互补，临平新城还联合两大协会，共同成立“艺尚小镇工作推进委员会”，负责小镇人才招商等工作，小镇已引入加拿大设计师ROZE、“中国织锦艺术大师”李加林，金顶奖设计师张肇达、王玉涛、李小燕、张继成，中国十佳设计师刘思聪、肖红、施杰、刘奕群等一批业界知名人才和400余名新锐设计师。二是借助海外力量“走出去”。先后与法国时尚学院、中法时尚合作委员会牵手，每年组织企业家赴海外学习，体会品牌文化塑造、品牌附加值提升的重要意义及具体实践。与美国纽约大学时尚学院、英国圣马丁艺术学院、意大利马兰欧尼学院启动深度合作，筹办中国时尚教育学院。通过每年举办国内优秀服装设计毕业生选拔活动，把优秀年轻人输送到英法等时尚之都，感受国际时尚行业氛围。三是借助校企力量“强起来”。依托校企合作，以市场化模式打造设计师孵化平台，助力海内外年轻设计师快速成长。2017年3月，艺尚小镇合集置和文化创意有限公司与浙江理工大学服装学院、武汉纺织大学服装学院合作成立“时尚创新人才孵化基地”“教学实践基地”，促进服装专业应用型人才培养。2017年4月，引进“梦想的翅膀”年轻设计师创业中心，分中国年轻设计师创业中心、海外设计师创业中心、品牌管理中心、大数据运营中心四个板块，每年将培养50名以上海内外新锐设计师，助力设计师创业。同时，为更好地发挥人才“虹吸效应”，积极向省市区相关部门争取人才政策，将服装设计师等时尚高端人才纳入区高层次人才分类目录，与专业协会共同确定设计师人才纳入授衔标准的奖项范围、等级分类等专业事项等（图36）。

（四）聚而合——“三生”精致生活

小镇建设融合传统与现代、历史与时尚、自然与人文，加快成型“一中心三街区”空间格

图36 艺尚·中国时装设计希望之星颁奖典礼

图37　时尚文化街区

图38　时尚历史街区

局。一是彰显“中心”自然人文之美。东湖公园湖面完成开挖、一期精彩亮相、二期加快建设；文化艺术中心一期地下室基本完工、二期主体加快推进。二是彰显“街区”时尚历史之美。文化街区一期12幢、2.4万m^2建成，入驻企业对外开业；艺术街区一期部分建成、二期开工建设（图37）；历史街区二期29幢民居改造完成，部分企业开业（图38）。三是彰显“配套”功能融合之美。抓紧各类配套建设，小镇客厅对外迎客，精品酒店主体和国际秀场框架完工，公共交通、电力设施、无线Wi-Fi等设施布局同步推进。艺尚小镇的建筑风格、树木景观、公共建筑等建设充分体现了时尚产业的文化特质，已成为产城融合、乐居乐业的典范。

（五）精而尚——营造时尚氛围

通过举办行业高端活动、各类时尚活动，营造产业发展优质氛围，提高小镇国内外知名度和美誉度。2016年9月9日，举办中国服装论坛·杭州峰会、“艺尚·中国时装设计希望之星”发布会，成功打出小镇金名片。2015年6月、2016年6月和2017年4月，举办三届中国（杭州）跨境电商峰会。2017年6月，举办2017亚洲时尚联合会中国大会，来自日本、韩国等6个国家的400余名时尚协会领头人、院校专家、设计师齐聚小镇共话时尚（图39）。2017年以来在小镇内举办的时尚活动已有二十多场，如《选美计》开机仪式、艺尚小镇“走进非洲”开馆及非洲时尚文化联展、NNE&KIKI夏秋时尚展暨联合顶尖宝贝童模代言海选等活动，预计2018年小镇秀场建成后，每年发布活动可达到200场以上。

（六）活而新——创新体制机制

艺尚小镇坚持“政府引导、企业主体、市场化运作”，突出企业的主体地位。通过发挥政策优势、提供金融支持、优化配套服务等举措，打造“三生”融合、“四宜”兼具的国际化品质小镇。一是制定“个性化”支持政策。出台《关于

图39　亚洲时尚联合会中国大会

服装类设计师高端人才认定及待遇享受工作的若干意见》《关于支持艺尚小镇时尚产业发展的若干政策意见》，对企业办公场所房租、产品推广、技术服务、创业活动项目等方面进行支持，对设计师人才的购房租房进行补助，形成政策洼地。二是拓展“多元化”资金支持。实行“投贷联动”，引导银行等金融机构加大对小镇时尚产业项目的资金支持力度，与建设银行合作成立7.5亿元资金池。同时，编制跟投基金管理办法，扶持各类企业发展。三是提供“定制式”配套服务。迎合设计师实际需求，打造时尚发布平台和知识产权保护机制综合服务平台，探索实现“Madein艺尚小镇”原产地保护。完善产业配套，开工红木仓储物流，引进维思资本等六家投资管理机构、打造国内首个跨境电商“中央结算仓”。完善区域内商业、医疗、教育等资源，解决人才创业后顾之忧。

三、发展方向

至2019年，艺尚小镇“一中心三街区”全面建成、主体功能显现、创新创业人口集聚。时尚文化街区，全面集聚设计师平台、大师工作室、青年设计师孵化园区、时尚教育国际学院和买手店、休闲娱乐街区项目等企业、人才、商业资源；时尚艺术街区，完成国内外区域型、创新型服装企业总部招商，显现产业、旅游、休闲、居住功能；时尚历史街区，引入科创、文创、电商等各类平台型和服务型机构入驻，成为中国时尚行业融合工业遗址、田园风貌、江南农居的创新创业典型园区。

（一）聚集创新设计力量

围绕建设辐射华东乃至全国的设计研发中心，打造世界时尚策源地的目标，全面引进国内外优质创意设计平台，培育一批设计水平居全国前列的时尚设计机构。重点引进一批国内外设计名师，培养一批设计水平在中国乃至世界有影响力的设计名师（表27）。

表27　2017~2019年设计师引进目标

单位：人

类别	2017年	2018年	2019年	合计
设计师	200	500	1500	2200
知名设计师	30	100	300	430
国际新锐设计师	30	100	300	430

注　设计师包括知名设计师、国际新锐设计师；知名设计师指省级十佳以上国内外设计师。

（二）构建趋势发布平台

围绕打造中国服装产业富有地标意义的全球流行趋势发布平台的目标，以市场为主体搭建“发布流行趋势、展示设计创意、推广品牌形象”的时尚综合平台。定期举办中外知名设计师、服装品牌、色彩和面料流行趋势发布。延展国际四大时装周成果，引进中国高端时装周发布，举办艺术节、电影节等跨界时尚活动（表28）。

表28　艺尚小镇2017~2019年时尚活动目标

单位：场

类别	2017年	2018年	2019年	合计
时尚主题活动	100	500	500	1100
时尚跨界活动	10	50	50	110

注　2017年底国际秀场建成，2018年、2019年活动相应增多；2017年活动场地以街区、酒店为主。

（三）强化人才服务机制

建设服装产业人才服务战略联盟，发展人才服务体系。建立人才综合服务平台，为企业制定人才服务方案。强化人才数据库建设，建立人才评价和保障体系，为人才提供良好的工作平台和发展空间，打造中国服装产业最完备的人才服务机构。

（四）促进文创产业发展

强化服装产业关联的文创设计创意能力，培育服装产业文创基地。同时，以促进时尚文化传播为目的，以引导时尚舆论为导向，以现代化传播方式为手段，联动影视、新媒体建设，打造中国服饰文化传播的舆论中心（表29）。

表29 艺尚小镇2017~2019年文创企业引进目标

单位：家

类别	2017年	2018年	2019年	合计
文创企业	5	10	15	30

（五）推动电商模式创新

加强产业互联网、跨境电商联动，鼓励服装产业企业基于互联网创新营销模式，支持移动电子商务、众筹营销、网上定制等新型营销模式，支持相关机构、互联网领军企业打造服装产业专属的B2C平台，以实现电子商务平台的创新。打造一批线上线下融合，集产品设计、展示、体验、购物等于一体的聚合电商平台，建设时尚产业跨境电商聚合平台，打造成中国服装行业富有较强市场引领作用的跨境电商中心（表30）。

表30 艺尚小镇2017~2019年服装类跨境电商引进目标

单位：家

类别	2017年	2018年	2019年	合计
跨境电商	5	10	15	30

（六）引进培育服装大牌

支持领军企业和品牌，发挥产业榜样力量。依托艺尚中心这一核心项目，以完善的产业生态链条引进国内外知名品牌，在小镇设计区域型创新研发中心打造品牌总部基地（表31）。大力培育服装品牌，鼓励企业制定品牌发展战略，逐步创建具有国际影响力的世界级品牌。鼓励企业通过营销拓展、技术创新、管理创新、服务创新促进品牌不断提档升级，力争塑造一批创新能力强、具有明显竞争优势的服装品牌。

表31 艺尚小镇2017~2019年区域型服装企业总部引进目标

单位：家

类别	2017年	2018年	2019年	合计
区域服装总部	30	70	150	250

韩都衣舍互联网“二级生态”品牌运营平台

韩都衣舍电子商务集团股份有限公司（简称韩都衣舍），创立于2006年，是互联网服饰品牌第一股、国内最大的互联网品牌生态运营集团。目前集团拥有员工2000余人。通过自孵化、合资、合作及生态运营等方式运营品牌近200个，运营品牌类目聚焦于服装、家居、家纺、化妆品、食品等领域。

韩都衣舍是互联网时代具有典型代表的电商企业，目前公司创立运营了大小10个品牌。2012~2016年，韩都衣舍连续五年在互联网各大电商平台综合排名均是第一。在2017年，入选国家“CCTV品牌榜”，系国家级电商示范企业；同年，获得了由工信部认定的“纺织服装创意设计试点园区（平台）”的荣誉。

韩都衣舍在发展过程中始终坚持创新驱动，十年来集团先后经历了单品牌运营、多品牌运营、品牌孵化平台、联网时尚品牌生态系统四个阶段。进入2016年，韩都衣舍电商集团基于线上运营的特点，首次提出了“二级生态”的创新管理模式。通过整合自身资源集成运营，依托于商业智能体系大数据技术，在坚持多品牌战略的基础上，将生态资源全面开放，突破性的构建了具有全国领先意义的“二级生态”品牌运营平台。

韩都衣舍“二级生态”体系，以内部资源对接外部资源，将品牌运营标准化，通过运营合作方天猫、京东“旗舰店”、专卖店切入，对平台上运营品牌逐渐进行生产、客服、储运、摄影、品牌建设等全链运营，形成全面开放的赋能型生态系统；是助力中国互联网品牌发展、“小而美”品牌运营的解决方案，在业内和相关类目中极具创新性。经过实践检验，这一生态体系符合电子商务发展趋势以及品牌实际需求。在2017年1月10日举办的专家论证研讨，来自阿里巴巴、山东大学、复旦大学专家的一致认可，充分肯定了“二级生态”平台模式在推进新旧动能转换，构建开放型经济新机制的强大作用，一致认为这种模式具有可推广可复制性。

目前平台内部运营品牌近200个，其中包括六个国家的10多个国外品牌，配套厂家240多家，并与多家国内、韩国等知名机构合作，拥有广泛的设计师等时尚设计资源。2016年韩都衣舍电商集团率多品牌进入米兰时装周、纽约时装周等国际时尚高地，并签约韩国顶尖设计师崔范锡。通过韩都衣舍的运营，平台上品牌逐渐实现传统基因向互联网基因的转变，升级为互联网电子商务公司，实现了品牌的成长壮大、市场占有率扩大和长久发展。

一、韩都衣舍“二级生态”运营平台，创新模式，导入优质资源，是经过专家论证与实践验证的可复制、推广到不同领域内的新型模式

韩都衣舍电商集团运营平台，以创新的方式，在互联网上创品牌，服务品牌，立足大数据时代和新商业基础设施，经过创业、创新，颠覆传统服装运营模式，成为中国互联网服装品牌的标杆企业和领导品牌；同时，向全社会开放独创的生态系统，不断孵化新的互联网品牌，面向全国乃至全球实现品牌远程运营，带动、倒逼大服饰行业研发、生产、销售、储运、客服等全链数字化升级，取得突出效果，创造性地开辟了全新的运营模式，打造了发展新业态，是当下经济发展新动能的崭新模式。

（一）基于柔性供应链支撑、大数据和商业智能驱动、多款少量快速返单的创新方式取得快速发展，是服装行业依靠新模式的成功

韩都衣舍是互联网上诞生的品牌，是典型的依靠互联网基因独创新模式成功发展起来的公司。公司依据互联网运营的特点，创造了“多款少量快速返单”的模式，依靠大数据和“爆旺平滞C2B的算法”、柔性供应链，实现线上运营的快速、精准发现市场需求，依靠“互联网+柔性供应链智能制造体系”和现代储运系统，实现线下的快速、优质满足市场需求的全链数字化运营，颠覆了服装行业传统的生产模式，全年可上线3万款以上的服装、首单小单化（一般多尺码多颜色200~500件，传统需要1万至数万件），当季服装当季多次返单（传统必须提前两个季节），且7~12天实现下单到入库流程，四季平均20天；实现当季售罄率97%，极大提高了运营效率。

基于此运营模式，韩都衣舍“二级生态”平台，将继续完善柔性供应链生产模式，输出到平台上服务品牌，以此实现针对整条产业链生产模式、运营模式的革新升级。

（二）依靠独创生态系统，以“场内孵化+云孵化”双轮驱动，打造互联网品牌生态运营平台，实现了强大的行业带动

韩都衣舍“二级生态”品牌运营平台，全面导入了商业智能、柔性生产、智能储运、韩都大学、网络摄影、韩都客服、韩都运营、韩都伙伴、韩都动力等9个支撑体系，是线上运营的直接支持体系。目前，平台上企业发展良好，发展快速。

1. 场内孵化

免费接收各类互联网品牌创业者进驻孵化基地智汇蓝海创业。创新点在于，这是一个“生态赋能型孵化器”，除了优良的空间，更加重视针对创业痛点的“软件建设”和“赋能能力建设”。不仅全面导入韩都衣舍的生态能力和资源影响和实战能力，还打造独立的孵化生态能力；依托与政府合作的“GCP模式”，导入政府资源和服务；依托鲸灵会系列活动建立自生态；依托投资、培训、知识产权、路演、媒体、论坛、创业大赛等建设紧密的外生态等，不断创新工具，全面赋能创业者。显著区别一般的房租性、投资性、地产性孵化器，成为真正的创业孵化基地。开办不到一年，基地在孵企业数量多达117家，10多家获得投资，30%创业公司盈利。

2. 云孵化

这是突破地域限制、极具互联网特色的“互联网品牌孵化的创新”，实现对大服饰行业的强大带动。云孵化主要面向国内乃至全球互联网品

牌、传统转线上品牌、工厂品牌、国际品牌、网红品牌等进行“跨空间”孵化。韩都衣舍通过运营合作方天猫、京东“旗舰店”、专卖店切入，对以上品牌逐渐进行生产、客服、储运、摄影、品牌建设等全链运营。通过韩都的运营，以上品牌逐渐实现传统基因向互联网基因的转变，升级为互联网电子商务公司，最终实现品牌成长壮大、市场占有率扩大和长久发展。韩都衣舍2016年至今，累计云孵化近200个品牌，绝大多数取得良好业绩。

（三）开创了“互联网+柔性智能生产体系”，通过运营数据和需求数据输出，打造“数字发动机”，带动传统服装生产、纺织企业互联网升级

韩都衣舍强大的市场运营能力和生态体系，对传统服装制造、纺织企业产生了巨大的影响。互联网运营，需要精准、快速生产，传统的生产方式远不能满足。韩都衣舍摸索创造了柔性供应链体系，通过原创的SCM\SRM等10多个智能系统，实现了工厂的改造升级，突破性地实现了服装的快速返单、当季生产、精准生产、柔性协同等。目前，韩都衣舍的柔性供应链分布在广东、江浙、山东三地，服装企业约240家，拉动就业5万人。

韩都衣舍创造的新模式、新业态，受到了全国的强烈关注，目前已经入选北京大学、清华大学、人民大学、复旦大学、浙江大学、山东大学、海洋大学、长江商学院、中欧国际商学院等著名学府MBA、EMBA案例库，多次获得全国优秀案例。获得商务部、科技部、工信部、人社部、团中央等国家、省市部门创业创新表彰，被媒体和阿里巴巴、京东等多次评为金奖，誉为“领导品牌”和标杆企业。

2017年1月10日，创新模式研讨会，来自复旦大学、山东大学、阿里巴巴研究院、国家省市商务主管部门、国家电商协会、创客联盟的专家一致认为：韩都衣舍的创新，目前效果显著，创新点多，具有可复制性、可推广性。

二、韩都衣舍“二级生态”品牌运营平台，继续夯实平台运营根基，完善平台服务体系，搭建具有高度竞争力的互联网品牌运营生态

（一）加大资金投入，构建顶尖商业智能体系

目前，互联网平台级建设已基本完成，电子商务成为主流商业模式，“二级生态”成为下一个电商风口。“二级生态”以商业智能为基础，通过构建完善的商业智能体系，能够使平台内互联网服饰品牌集群迅速响应市场需求，并能够完成对现代供应链、仓储等全面升级，夯实平台发展基础，实现创意、设计与市场的完美对接。

（二）持续深化外界合作，全方位整合时尚资源

整合全球设计资源，通过米兰时装周与世界知名品牌频频互动，铸造国内外时尚互动交流。签约韩国知名经纪公司J-onepartners，获取时尚明星资源优势。与德国、日本品牌合作，形成汇集世界各国的时尚对接交流圈，提升内部品牌时尚创意、设计水平。

（三）提高平台赋能水平，实现全案运营服务

以赋能为主要特色，整合政府资源、企业资源、社会资源，提供创意设计、产品开发、创新服务、生产制造、营销推广等全案服务。以推进济南成为“互联网运营中心城市”为目标，发挥

平台作用，面向天下品牌，实现互联网品牌的集群发展。

（四）持续开展国内国外设计师大赛，打造时尚高地

全面引进国外时尚资源，继续深化与国外时尚合作领域，丰富合作形式，改进时尚产业格局。签约知名设计师，建立与国外时尚人才资源对接引进机制，拓展国内创意设计世界眼光，打造国内时尚高地。

（五）时尚跨界融合，增进品牌纵深

与奔驰、电影007、野兽派鲜花等进行跨界合作，不同产业时尚互动，打破传统，创新模式，实现品牌打造立体化。实现行业时尚联动，集聚各界创意设计资源，走出国内，壮大民族服饰品牌。

随着韩都衣舍互联网“二级生态”品牌运营平台的不断完善，把平台打造成为具有全球影响力的服饰品牌的集聚地和运营中心，成为中国具有标杆性意义的服饰一站式园区。韩都“二级生态”服务支撑体系，致力于培育优势互联网品牌，实现服饰品牌发展的“新商业时代升级”，推动互联网产业的发展。随着韩都衣舍“二级生态”品牌生态运营平台的发展，平台将汇集休闲、运动、正装、时尚装等服饰全品类，全面推动产业链上下游领域转型升级。

创客157创业创意园

宁波博洋控股集团有限公司前身为“宁波永丰布厂”，创立于1958年；于20世纪90年代初，作为纺织产业改革的示范企业进行改制，成立博洋集团。作为一个集品牌营运、产业营运、资本营运为一体的大型集团，公司现有16500多名员工，净资产25亿元，涉足服装、家纺两大产业以及房产、旅游、金融、产业投资四大项目，旗下控股70余家企业。

为了贯彻党的十八大、十八届三中、四中全会和习近平总书记系列重要讲话精神，坚持贯彻“大众创业、万众创新”的指导思想，在博洋控股集团戎巨川董事长“将博洋变成一个全新创业平台”的方针下，博洋控股集团投入6000余万元人民币，将原先废弃的旧厂房及楼房装修改造的焕然一新，于2015年9月建成宁波首家民营全资创办的特色孵化基地——“创客157创业创新园”并投入使用。于2016年4月成立宁波意吾启投资有限公司，负责“创客157”的日常运营管理及项目投资。

一、园区整体情况

创客157创业创新园坐落于宁波市中心海曙区启文路157-6号，南邻南塘河，东邻南塘老街，西与宁波火车站隔河相望，交通十分便利。

该园区目前总面积14234m^2，投资6700万元，入驻企业超80家，入驻率达82%，其中纺织服装及相关企业63家，入驻设计师67人，签约网上纺织服装设计师127人。2016年销售总收入148亿元，其中创意设计类收入4.7亿元，利税总额5.2亿元，有效外观设计专利数（纺织服装类）11项，有效实用新型专利数（纺织服装类）3项。该园区是宁波首家采用“自营化社区”模式的孵化园区，即民营资本全资创办，通过引进项目、前期股权投资、再融资，最终实现孵化挂牌。2016年服务纺织服装企业42家，孵化纺织服装品牌17个，获得投融资支持企业、机构18家，融资额达4271万元。下一步，创客157创业园还将重点孵化文创设计、互联网应用、电子商务和教育培训等其他四个方向，园区的孵化方向就是博洋集团主营业务的发展方向，紧紧围绕企业生态产业链发展。并积极引入校企合作，国际合作等，博洋集团积极开展与相关艺术及设计类院校的合作，通过校企合作的模式将源源不断的资源引入企业内部。设计、艺术、文化等相关产业的逐步发展，也能为博洋集团带来更多更新颖的创造和理念，也加强了品牌的竞争力。

除现在已经运行的三期工程外，还有多个项

目改造或装修规划中。

（1）创客157四期沿河改造工程项目（进行中，预计年底部分投入使用）。

（2）创客157五期家纺体验馆改造项目（设计中，预计2018年6月竣工）。

（3）江北博洋大厦园区改造项目（已建成，设计中，预计2018年6月竣工）。

（4）兴宁桥边原永丰布厂项目（规划中，与地铁四号线工程兴宁桥站同步）。

（5）苗圃巷3号人才公寓二期项目（设计规划中，预计2018年7月竣工）。

（6）南部商务区博纳大厦二期项目（大厦建造中）。

“自营化社区”是我们提出的打造一站式创业的概念。何为“自营化社区”，简单的理解就是为创客服务的所有配套设施都由集团所有和运营，包括房屋产权、创业导师团队、风投公司、物业等所有配套。

园区招商对象：一是集团内部有创业意向的员工；二是应届大学生或毕业五年内的大学生；三是有意愿、有能力、有经历的优秀创业人才。

园区的核心管理团队由集团相关负责人担任。创业导师团队采取政企合作的模式，由集团各主营品牌负责人及相关部门专业老师担任，采取孵化一对一指导模式，减轻初创企业的风险，增加创业成功率。

创客157总体工程分五期开发，前三期已投入运营面积为14233.92m^2，包括创业园一期、二期、三期、创客咖啡厅、创客餐厅、多功能厅、会议厅及运动场馆。30~120m^{2}独立办公空间，能满足大多数“小、微、创”企业及部分公司的定制需求。园区同时配套联合办公空间，提供工位租用，可灵活调节。同时园区还有配套的人才公寓——青年小筑，位于马园路郎官社区，公寓一层为公共区域，配套影院、健身器材、娱乐区、休闲区域、食堂。青年小筑拥有配套房间80余间，配备网络及独立卫生间，多种设计风格，可以根据自己的喜欢挑选，目前已达满房状态，现排队等候的多达50人次。公寓二期正在改造进行中。

为了给更多文化创意类企业提供优质的办公场所和环境，园区正在积极改造沿河独栋办公楼，为众多创意发展类企业提供优质场地的同时，也为他们创造一个良好的周围环境。

园区为符合园区发展的新进企业提供了2万~30万元的种子基金，同时也为企业做强做大，提供了50万~300万元的天使基金。园区联合富博、顺详、银泰睿祺、海纳、永鑫等投资机构，共同设立园区基金5000万元，用于企业发展。

创客157自2015年12月17日开园以来为创业者提供了一个优质的创业平台，同时也是小微企业发展的新天地。经过近一年半的运行，态势良好，市、区各级政府单位对园区也非常重视。应政府相关部门的邀请，创客157在全市就业创业和基层建设工作会议中做了典型汇报。近期为鼓励大学生创业创新，扶持创业大学生发展，也应邀进校宣讲，介绍创客157。

二、园区优势

目前国内的众创空间非常多，每个园区都具有自己的特色，创客157创业园也拥有自己的三大优势：

首先，园区环境优越。传统纺织企业的工业风加简约创新的现代化设计，使园区即朴素又时尚，吸引越来越多的创业者驻足。并且创客157在宁波市地理位置优越，位于市中心、海曙区南塘老街旁，交通便利；宁波市政府和各级领导对创业创客给予了极大的支持，为创业创造了良好的城市环境。

其次，打造企业生态产业链是园区发展的核心。园区是以纺织服装龙头骨干企业——博洋集团为核心，在政府部门的支持下，协同各社会服务机构、邀请高校院所参与、带动创业小微企业成长。博洋集团，为进驻园区内的小微企业提供帮助和扶持，同时，众多的小微企业也为博洋这棵大树提供了源源不断的青春活力。两者之间相辅相成，携手共进。

最后，博洋集团的创业创新文化，为园区提供源源不断的发展动力。博洋一直以来不仅仅是一家极具社会责任的企业，更是每一位优秀员工可选择的创业平台。博洋集团会开放自身拥有的资源来服务创业团队，特别是投融资和知识培训方面，集团自身拥有多家投资和小额贷款机构，如富博、顺详、银泰睿祺、海纳、永鑫等，当创业团队发展到一定阶段时，如果对于资金有需求时，那园区会牵线搭桥，使得园区内的企业往更大规模发展。同时园区还聘请了政府领导和集团各品牌经理作为创业导师，定期在园区举办各类活动，针对创业者们的疑惑，真正从他们的需求出发，安排政策宣讲和各类沙龙交流活动。作为特色民营创业创新园、作为本身就是一个创业项目的孵化器，创客157的创业基因是与生俱来、自然天成的，所以能够具有更强的发展生命力。

创客157为创业者提供了贴心的政策支持，可享受办公场地和人才公寓房租减免、资金的补助等。同时园区计划与政府各个部门、各高校、各孵化器、各优秀创业团队建立长期合作关系，在文创设计、纺织服装、电子商务、互联网、教育培训等五大领域助推宁波市创业创新工作再上一个台阶。

三、总体成效

创客157目前有入驻企业62家，创业团队22支，都拥有良好的趋势发展。2016年产值突破7.5亿元。其中，文创类企业产值5.31亿元，产业遍布服装设计、艺术设计、电影拍摄制作、广告创意、文学作品等，约占园区总产值的70%。

2016年至今，园区获得多项荣誉：海曙区大学生创业园、海曙区众创空间、“时代先锋、并肩同行”开放式组织生活基地、海曙区开放式组织生活基地、“海蓝宝”双创示范基地、亿邦“疯人会”宁波分会、北京服装学院服装艺术与工程学院实践基地、宁波大学信息科学与工程学院实践基地、浙江纺织服装职业技术学院时装学院实践基地、浙江万里学院商学院、电子与计算机学院实践基地、宁波大红鹰学院信息工程学院、工商管理学院实践基地，除上述外，创客157与多家国内知名高校有过校企合作，如浙江大学、浙江理工大学、浙江美院、台湾大学等。

四、发展目标

博洋集团是一家创业型企业，企业的创业空间是打造员工成长空间、实现个人价值最好的平台。创客157创业创新园目标三年孵化15个成型可进入吸引A轮投资的项目；三年培育10个年产值过亿的项目；三年内吸引5亿~10亿元创业投资；形成以互联网、电子商务、创意设计等新兴产业的人才集聚；五年内对再造一个博洋创造可行条件；带动500人次以上的创业孵化，提升创业团队实践能力；促进社会创新、建立开源生态系统，以实现再造博洋家纺、唐狮服饰为目标，再造博洋集团认真、持续、有效的发展为终极目标。

创客157未来的发展目标就是打造一个宁波市最大的品牌化自营社区，营造一个线上线下一体的社区，不仅是要降低办公成本吸引更多的企业入驻，还要有一个成熟的运营团队，完善的运营机制，足以保证社区化的运转，使得入驻的企业之间有更多的交流与资源上的共享。

附　录

附录1

2017年纺织服装创意设计试点园区（平台）名单

省/市	园区名称
上海市	尚街loft时尚生活园区
浙江省	桐乡濮院针织产业园区创意设计平台（濮院320创意广场）
浙江省	余杭家纺产业设计园（品牌布艺总部基地）
山东省	舒朗国际时尚创意设计平台
广东省	红棉国际时装城
陕西省	西咸纺织服装创新园
青岛市	东方时尚中心
宁波市	创客157创业创新园

附录2

2017年度纺织十大创新产品获选单位及产品名单

申报产品类别	产　　品	企　　业
时尚创意产品	定位提花精纺羊毛西服	北京威克多制衣中心
	极简格调条纹真丝睡袍	江苏华佳丝绸股份有限公司
	玫瑰格纹提花箱型小外套	深圳市珂莱蒂尔服饰有限公司&上海鼎天时尚科技股份有限公司
	“雀舞芳华”真丝床品	达利丝绸（浙江）有限公司
	轻奢风提花割绒窗帘	海宁市金佰利纺织有限公司
	精致写意提花窗帘	海宁市千百荟织造有限公司
	“翠囍明珠”婚庆床品	湖南梦洁家纺股份有限公司
	雪尼尔浮雕提花沙发布	华尔泰国际纺织（杭州）有限公司
	“丁香花”高支高密纯棉贡缎床品	上海英依纺织有限公司&华纺股份有限公司
	“七星”极简主义真丝床品系列	宁波博洋家纺有限公司
	谜幻·莫里斯印花床品	深圳市富安娜家居用品股份有限公司
	古典花卉刺绣床品	浙江罗卡芙家纺有限公司
非遗文化创意产品	“蓝夹缬”天然靛蓝服装系列	北京梧远服装有限公司
	“龙凤褂裙”刺绣婚庆礼服	广东名瑞（集团）股份有限公司
	“蕴承”东方图腾真丝服装系列	厦门凤飞服饰设计有限公司
	“让非遗回家”苗绣真丝外套	深圳市叶子服装实业有限公司
	“汇流迎贵”宋锦晚宴包	吴江市鼎盛丝绸有限公司
	民族风剪花藏毯	东方地毯集团有限公司
	“江山如此多娇”刺绣墙布	广东佛山金华纺织实业公司
	“八仙贺寿”壁挂	广州市源志诚家纺有限公司
	粤绣艺术装饰窗帘	杭州艾可家纺有限公司
	“春华秋实”堂皇绣花床品	江苏堂皇集团有限公司

续表

申报产品类别	产 品	企 业
舒适体验产品	调湿控温羽绒服	江苏衣蕴时装有限公司&江苏丹毛纺织股份有限公司
	纯棉凉爽衬衫	鲁泰纺织股份有限公司
	结构型引力被	湖南名品实业股份有限公司
	立体鹅绒被	罗莱生活科技股份有限公司
	纯棉帆布凉席	山东立昌纺织科技有限公司
	“黄金搭档”蚕丝羽绒被	上海水星家用纺织品股份有限公司
	女性经期安心裤	福建恒安集团有限公司
	丝柔轻薄立体呵护婴儿纸尿裤	广东昱升个人护理用品股份有限公司
	超薄超柔婴儿尿裤	浙江金三发集团有限公司
易护理产品	耐氯高弹针织泳装	浩沙实业（福建）有限公司
	节能环保多功能衬衫	鲁泰纺织股份有限公司
	抗皱功能旅行西服	山东如意毛纺服装集团股份有限公司
	新中式易护理装饰布	杭州奥坦斯布艺有限公司
	大麻混纺墙布	浙江吉麻良丝新材料股份有限公司
	易清洁静电植绒地毯	山东领潮新材料有限公司
户外功能产品	“雨翼”科技防水运动服	安踏（中国）有限公司
	远红外保暖户外服装	北京威克多制衣中心
	户外多功能羊毛服装系列	上海之禾时尚实业（集团）有限公司&山东南山纺织服饰有限公司
	多功能户外椅垫	杭州中亚布艺有限公司
	户外高性能动力登山绳装备	鲁普耐特集团有限公司
	碳纤维复合材料登山杖	山东鲁滨逊体育用品有限公司
防护用功能产品	阻燃抗紫外复合功能窗帘	浙江和心控股集团有限公司
	透光抗紫外防窥窗纱	浙江玛雅布业有限公司
	可复用生物防护服	北京邦维高科特种纺织品有限责任公司
	防电磁波多功能集成防护服	北京英特莱科技有限公司&天诺光电材料股份有限公司
	多功能防火毯	上海特安纶纤维有限公司
	抗菌防雾霾口罩	上海兴诺康纶纤维科技股份有限公司
	消防员防护服	深圳优普泰服装科技有限公司&北京邦维普泰防护纺织有限公司
	高效低阻防雾霾口罩	中科贝思达（厦门）环保科技股份有限公司

续表

申报产品类别	产　品	企　业
医疗卫生用功能产品	义乳塑形内衣	爱慕股份有限公司
	抗菌床笠	江阴市红柳被单厂有限公司
	生态感应毛巾	上海捻幅智能科技有限公司
	手术洞单、手术衣系列	佛山市南海康得福医疗用品有限公司&佛山市南海必得福无纺布有限公司
智能产品	运动智能内衣	爱慕股份有限公司
	人体健康监测床垫	梦百合家居科技股份有限公司
	智能分区舒缓按摩床垫	紫罗兰家纺科技股份有限公司
轻量化产品	TiEF SKIN®超轻薄皮肤衣	探路者控股集团股份有限公司&丹东优耐特纺织品有限公司
	碳纤维复合材料电动自行车	连云港神鹰碳纤维自行车股份有限公司
低碳环保产品	植物染料印花衬衫	江苏联发纺织股份有限公司&福建省海兴凯晟科技有限公司
	舒弹丝牛仔套装	山东迪尼姆科技股份有限公司
	玉米纤维环保地毯	东升地毯集团有限公司
	REFLEX遮光窗帘	如意屋家居有限公司

附录3

2017年中国纺织服装行业品牌发展大事记

2017年1月

1月9日，中共中央、国务院在北京隆重举行国家科学技术奖励大会，纺织业多项目获奖。党和国家领导人习近平、李克强、刘云山、张高丽出席大会并为获奖代表颁奖。由中国纺织工业联合会推荐的“苎麻生态高效纺织加工关键技术及产业化”和“干法纺聚酰亚胺纤维制备关键技术及产业化”获得2016年度国家科学技术进步奖二等奖。

1月11日，中纺圆桌论坛第十二届年会暨“沭阳杯”第五届全国纺织行业新闻奖表彰活动在北京首都大酒店举行。本次论坛由中国纺织工业联合会主办，中国纺织工业联合会新闻中心、中国纺织工业联合会产业经济研究院承办，论坛以“构筑纺织经济增长新动力”为主题。会上，中纺联副会长孙淮滨强调，期待通过实施“‘三品’战略”，拉回境外消费，成为国内消费，为纺织经济增长带来新的机会。

1月12日，“2017哈尔滨时装周”启幕，本届时装周以“冰雪霓裳”为主题，秀场融入更多国际元素，来自34个国家和地区的120名设计师，呈现出最新原创作品。开幕式现场，哈尔滨时装周组委会副秘书长王丽梅女士介绍了本届时装周的六大亮点，即国际平台、全球发布、艺术跨界、商业转化、研发落地、节庆互动，2017哈尔滨时装周作为中国时装界的开年大秀，为国内外的设计师搭建一个更广阔的国际化的发展平台。

2017年3月

3月15日~17日，中国纺织工业联合会“春季联展”在国家会展中心（上海）拉开序幕。2017年的春季联展囊括中国国际纺织面料及辅料（春夏）博览会、中国国际服装服饰博览会2017（春季）、中国国际家用纺织品及辅料（春夏）博览会、中国国际针织（春夏）博览会和中国国际纺织纱线（春夏）展览会五大专业展会，以超35万m^2、近5300家展商的恢宏之姿，聚合产业链上下游力量，共同推进中国纺织全球布局升级。

3月17日~23日，“深圳时装周2017秋冬系列”在深圳举办，本季深圳时装周开设三大秀场，来自全球10多个国家和地区的200多个品牌和设计师贡献了近80场时尚大秀，看秀观众共计超过6万人次。主流影响力品牌依然强劲出场，年轻品牌纷纷亮相体现新的设计趋势，走秀主题多元呈现，与艺术、与生活、与文学、与潮流等相结合。

3月24日~4月1日，“梅赛德斯-奔驰中国国际时装周（2017/2018秋冬系列）”在北京举办。本季时装周期间举办了各类专业活动近80项。其中，来自海内外的83家品牌和机构、68位中外设计师和29位设计新秀在751D·PARK、北京饭店等场地举办61场专场发布和1项专业大赛；另有178个中外设计师品牌参与DHUB设计汇2017/2018AW和10+3SHOWROOM服装服饰交易展。时装周期间，还有10余项新闻发布、沙龙论坛、专业讲座等专题活动举办。

3月29日，“链尚·2017中国服装论坛”在北京东方君悦大酒店如期举行。本届论坛主题为“品牌重塑：以人为本融合创新”。论坛分“不确定世界的确定价值”“新物种的商业逻辑”“直面消费的设计”“新零售的未来”四大板块，集萃数百位专家和企业家的创新实践和洞察，跨越管理、营销、媒介、文化、设计、艺术、经济、社会、科技等各领域的边界，将各行其道的信息流汇聚成互联互通的“蓄水池”。

2017年4月

4月7日，“2017秋冬MODE上海服装服饰展”在上海市黄浦区中山南路109号亮相。为期三天的展会展出男装、女装、配饰及生活方式类等品牌。本届展会致力于打造全产业链价值联动平台，在展会现场呈现与布料图书馆（Textile Library）合作推出的WALL of fashion，并联合参展MODE的5位青年设计师，运用布料图书馆研发的面料设计出现代感和科技感极强的服装作品。

4月18日，第三届“中国（泉州）海上丝绸之路国际品牌博览会”在福建开幕，本届海丝品博会以“新丝路、新合作、新融合”为主题，旨在打造推进“一带一路”建设的经贸盛会。有来自海上丝绸之路沿线及全球范围的近40个海内外国家和地区参展，展出面积2.6万m^2，展出内容有泉州海丝品牌文化、海丝沿线国家和地区的特色食品、农产品、护肤品、传统手工艺品等。展会同期还举办了多场对接会、论坛等多项经贸活动。

4月19日，“SIUF深圳国际品牌内衣展”启幕，展会为期三天，规模达7.3万m^2，众多顶尖内衣品牌齐聚一堂，除了静态展览，本届文化周还有超模选秀总决赛、内衣创意设计大赛、各大品牌内衣秀、内衣行业渠道商年度颁奖盛典、中国内衣峰会等精彩活动。

4月19日~20日，“2017全球纺织服装供应链大会”在福建石狮召开。本次大会由中国纺织工业联合会、福建省石狮市人民政府主办，中国纺织信息中心、福建省石狮经济局承办。此次供应链大会的主题为“供应链诚信与产业协同”，旨在帮助企业解决供应链管理中存在的共性问题，了解全球纺织服装供应链的发展趋势，推动供应链上下游的合作发展。

2017年5月

5月10日，自2017年起，中国国务院批准将每年5月10日设立为“中国品牌日”。以此为契机，大力宣传知名自主品牌，讲好中国品牌故事，提高自主品牌影响力和认知度。此外，还可以定期举办中国自主品牌博览会，在重点出入境口岸设置自主品牌产品展销厅，在世界重要市场举办中国自主品牌巡展推介会，扩大自主品牌的知名度和影响力，扩大自主品牌消费。

5月13日，“尚坤塬·2017中国国际大学生时装周”在北京751D·PARK北京时尚设计广场开幕。本届大学生时装周共有53所院校参与。其中48所国内院校，分别来自北京、上海、江苏、湖北、浙江、重庆、广东、吉林、福建、辽宁、四川、陕西、河南、河北、天津、湖南、江西、山东、山西19个省市，涵盖了国内纺织服装产业集群主要地区。5所海外院校，分别是英国南安普顿大学、意大利NABA米兰新美术学院、科廷大学（澳大利亚）、南非德班理工大学艺术与设计学院和韩国诚信女子大学。各院校在展示院校设计教育成果的同时，为行业、企业及专业机构等寻找创意设计、对接设计人才创造条件，也为新锐设计师对接行业资源，实现创业就业提供了更好的产业服务。

5月20日，“2017江南国际时装周暨第十八届中国江苏（常熟）服装服饰博览会”在常熟服装城时尚中心举行。本次活动为期5天，共有51个原创设计师品牌参展并和专业买手实现时尚与商业转化对接。56场精彩大秀，近2万名观众，5大高峰论坛让中国江苏（常熟）服装服饰博览会为建立市场平台打开国际视野。

5月21日，“2017年度中国服装成长型品牌发布会”“中国服装新锐品牌成长论坛暨中国常熟男装指数论坛”在江苏常熟盛大举行。本次论坛旨在为中国成长型服装品牌搭建一个学习交流的平台，增强服装企业的自主品牌发展能力，与服装企业共同探求新商业模式下如何更好应用大数据实现变革与创新，引导和促进更多服装企业的转型升级。中国纺织工业联合会副会长夏令敏在致辞中表示，品牌孵化基地要树立专业的市场品牌意识，充分重视专业市场品牌化发展，加强品牌的服务体系建设，从品牌要素成长的需求出发来构成品牌服务体系。同时他提出，品牌孵化要坚持扶持和培育有市场潜力的成长型服装品牌企业走向原创、自主的发展道路，并为其提供品牌建设规划、市场渠道拓展、供应链配套资源整合等方面的行业服务，以帮助企业快速、健康成长。

2017年6月

6月22日~23日，“2017年度中国化纤科技大会”在江苏海安召开。大会以“前沿科技、绿色制造、新材料、卓越人才——打造‘十三五’化纤强国”为主题，结合中国工程院环境与轻纺工程学部“废旧纺织品资源再生循环工程前沿技术研究”，从“废旧纺织品资源再生循环工程”“绿色技术与发展模式创新”“智能制造与化纤工业4.0前沿科技”“轻量化与高性能纤维战略发展”“聚酯产业链与绿色发展科技”“生物基化学纤维发展”等方面，阐述科技创新、绿色发展理念，并为企业科技创新、产品创新、品牌创新、绿色发展提供技术支撑，从而推动化纤工业科技创新与绿色发展进入新历程。会议同期还举行了“中国化学纤维工业协会·恒逸基金”颁奖活动。

2017年7月

7月4日，“2017柯桥时尚周”新闻发布会在浙江柯桥召开，第三届柯桥时尚周正式启动。本次发布会由中国纺织工业联合会指导，绍兴市柯桥区人民政府主办，中国纺织信息中心、国家纺织产品开发中心、绍兴市柯桥区科学技术局承办。新一轮的“时尚巡礼”将在未来三个月的历程当中，以柯桥为圆心，集纳来自全国乃至全球的时尚创意与柯桥设计、柯桥制造、柯桥品牌对接。会上中纺联副会长徐迎新指出，2017年，中国纺织业将打响“走出去”“三品”战略、智能制造、传承传统、创新发展等一系列“战役”。

7月6日~8日，“深圳国际纺织面料及辅料博览会”于深圳会展中心举办。博览会由中国国际贸易促进委员会纺织行业分会、深圳服装行业协会及法兰克福展览（香港）有限公司共同主办。本届展会，共有来自8个国家和地区的共计673家海内外参展商。其中，国内参展商574家，海外参展商99家。来自中国、印度、日本、韩国、新加坡、英国，以及中国香港、中国台湾等国家和地区的企业齐聚博览会，展示创新与时尚兼备的面辅料产品。展示产品类别包括棉、毛、丝、麻、针织、功能、印花、化纤、蕾丝绣花、内衣泳装等各类服装用面料、辅料以及设计检测产品。

7月18日，中国服装协会正式发布“2016年服装行业百强企业”名单。2016年中国服装行业百强企业根据“会员参与、自愿申报”的原则，分别对“产品销售收入”“利润总额”和“销售利润率”三项指标进行排序。全国共有118家企业榜上有名，其中：浙江省30家，江苏省 30家，山东省17家，北京市9家，广东省、上海市各5家，福建省4家，陕西省、四川省、湖南省各3家，重庆市、河南省各2家，山西省、河北省、辽宁省、吉林省、湖北省各1家。

7月28日~29日，“2017中国纺织创新年会·产品峰会”于福州举行。本次会议由中国纺织工业联合会主办，中国纺织信息中心、国家纺织产品开发中心承办，峰会以“产品竞合与价值再造”为主题，解读供给侧改革重大要义及“‘三品’战略”的核心精髓，剖析国内外市场竞争环境与消费需求变化，探讨科技与时尚并举的高附加值产品开发体系，探寻企业价值链竞合体系构建模式，分享行业跨界创新思维及竞争优势构筑之道，以期帮助企业制订以市场为导向的产品创新策略，实现利用有限资源、针对有效需求的产品价值再造。

2017年8月

8月16日，“2017中国服装S2B创新论坛”在成都市举行。本届论坛以“S2B创建流通新格局”为主题，邀请到中国纺织工业联合会、全国服装流通领域领军人物、知名原创服装设计师及品牌供应商等近千人共襄盛会，共同探讨“互联网 + 服装产业转型创新”，畅谈“互联网 +”下服装品牌的新思路、新方法，对行业电子商务发展新动能、新趋势、S2B新模式展开探讨，将有效提升纺织服装行业电子商务发展的整体水平。

8月16日，“2017中国（葫芦岛·兴城）国际沙滩泳装文化博览会暨中国国际泳装展”在葫芦岛兴城比基尼展览展示中心开幕。本届展会以“创新、跨界”为主题，通过搭建新业态平台，融合上下游产业链，对接全球产业资源，扎实推进供给侧改革，以新平台、新技术、新材料应用为载体，推动兴城泳装产业提档升级、转型发展。展会面积达12267m^2，有来自国内外的112家企业参展，展品范围涉及泳装、泳具、沙滩装、运动内衣、健美服装、健身服、瑜伽服、骑行服、防晒用品、沙滩用品、泳装设计、图案设计、泳装面辅料等，以及在线平台、金融机构、相关设备和物流企业等众多品类。

8月19日，“T-STAGE时尚之夜”2017广东时装周-秋季×2017中国流花国际服装节开幕式在广州流花展贸中心举行。本届时装周有55场时尚主题活动，传递“商业、接地气”的时尚态度，超过132个机构、品牌、设计师参与了本届时装周的发布。

8月23日~26日，“2017中国国际家用纺织品及辅料（秋冬）博览会”在国家会展中心（上海）举办。来自30个国家和地区的近1200家企业参展，中国纺织工业联合会副会长、中国家纺协会会长杨兆华指出，本届展会共有三大趋势、五大亮点。趋势一是进一步推进行业向“大家居”的转变；二是模式创新助推品牌发展；三是秉持“开放、共享”理念，将“跨界”进行到底。五大亮点一是设计赋能产品研发，演绎时尚家纺；二是来自国际国内的展品更加丰富，“大家居”理念引领行业发展；三是缤纷多彩的灵感与设计活动；四是“2017安德马丁国际室内设计峰会暨2017‘无界之合’跨界家居艺术展”深化跨界合作；五是金销奖再突破，引领行业转型升级。

2017年9月

9月8日，“第十九届江苏国际服装节暨博览会开幕式”在南京国际博览中心举行。本届江苏国际服装节由第十九届中国江苏国际服装·家纺·面料博览会、2017江苏时尚创意周和系列活动三大部分组成。博览会展位数超过1200个，400余品牌亮相，由纺织服装品牌展区、纺织特色小镇（产业集群）展区、国际展区和互联网交易平台区等组成。博览会还设立了2000m^{2}的国际展区，展位120个左右。意大利、法国、加拿大、美国、澳大利亚、丹麦、芬兰等国际服装品牌及设计师品牌参展，展示国际高品质时尚设计和流行趋势，举行多场国际服装设计师与中国服装企业对接会及国际买家采购会。

9月12日，第五届“巴西圣保罗GOTEX国际纺织服装采购展”在巴西圣保罗北方展馆拉开帷幕。本届展会展出面积4500m^2，共有来自中国、巴西、意大利、秘鲁、印度、巴基斯坦、孟加拉国、洪都拉斯等国家和地区的百余家企业参展。中国驻圣保罗总领事馆商务参赞余勇认为，中国参展企业的展品已经越来越符合当地市场的需要，本届GOTEX展会，中国展团超过一半的企业拥有环保认证，近三成的企业拥有自主品牌。这也说明更多的企业开始意识到环保认证和自主品牌的重要性，这两项要素也成为让供货商更快被接受认可的“标配”。

9月18日，“张謇杯”2017中国国际家用纺织品产品设计大赛颁奖典礼暨中国·南通海门市质量主题晚会在海门市广播电视台演播大厅举办。大赛已连续举办12届。今年的大赛围绕“幸福织味”主题，从来自美国、英国、韩国等7个国家100多家品牌家纺企业、大专院校和个人的330套（件）作品中，评选出18件产品设计金银铜奖和6件品牌文化设计奖。

9月22日，“2017北京时尚高峰论坛”在中国国家博物馆隆重举行。本届论坛以“文化·科技·消费”为主题，兼具国际化、品牌化、时尚化、商业化的特点，聚焦时尚产业发展的热门话题，汇聚产业界、学界和政界的前沿专家，深度解析国内外时尚产业的现状与趋势，全面构建北京时尚产业的发展宏图。北京市委宣传部副部长余俊生在致辞中指出，加快推进全国文化中心建设，将为北京文化创意产业发展带来新的契机。他希望北京时尚产业界，加强对时尚文化的研究，加强对产业资源的整合，加强国际时尚文化交流，加强时尚文化消费理念的普及，努力创造既有时尚之美、又有文化之魂的创意创新产品，努力打造创意创新品牌，不断提升北京城市时尚产业竞争力，不断提升北京城市国际化与时尚化水平。

9月22日，2017中国“新芦淞杯”服装设计大赛决赛圆满落幕。大赛自6月份正式启动，共收到来自全国81所院校，包括日本、意大利、中国台湾等国家和地区参赛选手的576份稿件。经过初评，25份原创作品入围决赛。经过三十多年的沉淀积累，株洲芦淞服饰产业依靠深厚的文化和得天独厚的区位优势，发展成了中国中部地区非常大的服装产业集群。未来，要实现芦淞服饰产业从“百亿集群”向“千亿集群”迈进，必须促进株洲服装产业的发展模式由数量增长和价格竞争向研发设计、品牌创新转变，将原来的生产加工优势向自主研发优势转型、从贴牌生产向原创品牌转型；以原创设计、自主研发为引领，发掘和培养一批新锐设计师为当地企业输送动能，吸纳和扶持一批具有高附加值的品牌企业，打造芦淞时尚生态圈。

9月22日，“2017中国（大连）国际服装纺织品博览会”在大连世界博览广场开幕。本届大连服博会以“引擎·大连”为主题，展期3天，展览面积5万m^2，展位1500个。展会设立国际服装展馆、国际服装品牌（产业集群）展馆、纺织面辅料展馆、国内外知名设计师作品展馆、高级定制展馆、皮草专业展馆、时尚买手大赛馆和时尚秀场等8大专业展馆。本届展会的品牌化程度进一步加强，参展品牌总数由上届的705个上升至820个，国内毛皮参展品牌达87个。

9月22日~23日，“2017进出口贸易洽谈会”在中国海城西柳市场召开，本次洽谈会旨在整合内外资源，着力推进专业市场集群向全产业链转型升级发展。在经贸合作洽谈环节中，海城经济开发区将与布里亚特共和国和蒙古国色楞格省签署战略合作协议，双方将在海外仓、企业合作、市场对接、旅游购物、采购贸易等方面进行具体洽谈，并对今后的发展进行探讨。

9月23日，“2017长安福特中国重庆国际时尚周”开幕。本届时装周以“霓裳重庆，进无止境”为主题，为期7天，由名师秀、名牌秀、名车秀三大部分构成，共举办各类专业活动逾40项。其中，来自4个国家的42位中外服装设计师、重庆服装行业十大品牌、3大高校分别举办设计大师时尚主题秀、新锐设计师时尚主题秀、品牌时尚主题秀、优秀教师时装秀、优秀大学生作品秀、中国少儿超级童模精英大赛、服装品牌买手秀、女子半程马拉松参赛选手旗袍秀、中国影视剧服装秀、名车快闪、时尚达人见面会、媒体试驾等融合时装与汽车、时装与旅游、时装与运动休闲发展的多元新颖时尚文化活动。

9月23日，北京服装学院第十三届“科学·艺术·时尚”节开幕式暨国际青年设计师邀请赛动态秀在北服校园举行。本届“科学·艺术·时尚”节以“融合·丝路”为主题，对接“一带一路”文化倡议，立足传统文化底蕴，思考现代设计理念，围绕建设“世界城市”“时装之都”“设计之都”多位一体的宏伟蓝图，展现了精彩纷呈的内容。

2017年10月

10月11日~13日，中国纺织工业联合会“秋季联展”在上海国家会展中心开幕。中国国际纺织面料及辅料（秋冬）博览会、中国国际服装服饰博览会2017（秋季）、中国国际纺织纱线(秋冬)展览会、中国国际针织（秋冬）博览会，四大展会以40万m^2、近6600家展商的恢宏之姿，同期举办。中国纺织业最核心与前沿的企业、品牌、集群以展会的形式，展现中国纺织业科技、时尚、绿色的大国担当与使命。值得关注的是，四大展会上，环保新品处处可见，绿色理念时时回响。“2017中国纺织服装行业可持续时尚周”“2017中国国际面料设计大赛颁奖典礼”“2017中国国际面料创意大赛颁奖典礼”也同期举行。

10月14日，“2017柯桥时尚周”于浙江绍兴市柯桥区启幕。本届时尚周以“时尚新布局”为主题，围绕生活方式、文化创意、时尚潮流、生态环保、社会责任等多个维度，通过“中国女装面料流行趋势发布”“中国时尚面料设计大赛”“Fabrics China新锐设计师时尚创意设计邀请赛”“时尚柯桥·走进中国国际时装周”等，广泛开展以市场需求为导向、以流行趋势为指引的产品开发与时尚推广专业服务，整合了产业链上下游的优质资源，培养了柯桥纺织企业的时尚敏锐度和技术创新力，促进了纺织面料与时尚设计的资源共享和价值链接，全方位构建柯桥时尚创意产业的可持续发展新布局。

10月19日，第21届“宁波国际服装节”举办。本届服装节以“宁波装妆天下”为主题，已吸引235家企业、204个品牌参展。其中智能设备展区是今年的一大亮点，本届服装节期间，既有杰克股份、上海富山、南通强生、瑞晟智能等国内知名的服装机械公司，也有德国杜克普、德国重机、美国伊士曼、意大利迈卡、日本飞马等全球知名企业。本届服装节将首设民族服饰展区，展示贵州省48个民族、260多种款式的服装，包括苗刺手绣、中华锦绣及布依族、侗族等少数民族的服饰产品。本届服装节还设立了独立设计师展区，汇聚了素缝、有瘾、吉麻家宝、艺右异左等独立原创设计师品牌，以自成一派的设计风格诠释新生代的潮流主张。

10月20日，“2017中国家纺大会”在桐乡举行，本次中国家纺大会以“智能造助力新家纺物联网开启新零售”为主题，现场汇报了2017年家纺理事会工作报告及理事单位调整及选举。中国纺织工业联合会副会长、中国家纺协会会长杨兆华指出，今年1～8月，国家统计局公布的1916家规模以上家纺企业，实现营收1866.09亿元，同比增长7.38%，协会圆满完成了全年工作主要目标任务。展望2018年，随着“大家居”时代到来，家纺行业要推动跨界融合，运用互联网思维，迈向纺织工业4.0时代。

10月20日，“2017第十八届中国国际丝绸博览会”于杭州国际博览中心D馆正式亮相。本届丝博会共计展览面积2万m^2，有来自浙江省、四川省、江西省、广东省、重庆市等十余个国内主要丝绸产地的200余家企业、300余个品牌参展。展商中，有来自印度、尼泊尔、巴基斯坦等近10个海外国家展商，还有金富春集团、凯喜雅集团、万事利集团、丝绸之路集团等本土丝绸龙头企业。此外，法国、意大利、巴西、印度等近20个世界丝绸消费国也纷纷组团参观本届丝博会。

10月28日，“梅赛德斯-奔驰中国国际时装周（2018春夏系列）”在751D·PARK开幕。本季时装周为期10天，来自中外的370余位设计师在751D·PARK、北京饭店金色大厅、侨福芳草地等北京时尚地标共举办了89场专场发布、3项专项设计大赛以及DHUB设计汇等系列活动。本季时装周发布作品包括女装、男装、运动装、休闲装、婚纱礼服、童装、亲子装等品类，以及箱包、鞋帽、眼镜、丝巾等配饰产品，时尚产业链覆盖度与延展至全球的影响力，形成了属于中国时尚的“一带一路”。

2017年11月

11月1日，“2017中国服装大会”在武汉欧亚国际会展酒店召开。本届大会以“连接新消费，赋能新商贸”为主题，600余人参会，来自全国各地服装行业协会、商会、中国服装协会常务理事、理事以及新闻媒体界的领导与嘉宾，就服装产业的“科技”“制造”与“时尚”的深度融合、协同演进做出深入探讨。

11月2日，“乔丹杯·第12届中国运动装备设计大赛”决赛在北京751D·PARK第一车间举行。自3月启动以来，大赛组委会共收到来自30个地区近千份作品。本届大赛以“跑创未来”为主题，“跑”指的是中国运动装备设计大赛的设计内容以跑步的运动装备为主。“创”意指今年设计重点还是聚焦原创力和创造力。“未来”不仅是指给行业的未来之星一个发挥自身才华的平台，让他们的设计之路，走得更加顺利，更多的是希望中国设计的未来通过挖掘凝聚这股行业内新生力量，用他们的创新力为中国设计行业带来更好的改变，使中国设计领域未来能在国际上更有影响力。

11月15日，“2017厦门国际时尚周”启幕。本届时尚周以“厦门·SHOW给世界看”为主题，围绕“产业对接”“时尚发布”“时尚潮GO”“时尚之城”四大板块，共39项的主题系列时尚活动。时尚周期间，秀场各类品牌云集，走秀不断，包括JORYAweekend、爱思卡达（ESCADA）、ONE WAY、冰山（ICEBERG）等国际品牌，以及国际媒体纽约时报、法新社及法国时尚电视台（FTV）的参与。

11月16日，第四届“虎门国际电商节”开幕式在东莞市虎门电商产业园举行，本届电商节主题为“尚多元，享未来”的。16~20日，主办方在虎门镇九大电商园区先后举行多场精彩主题活动，融合展示“新技术、新模式、新渠道”等电商新元素，并通过多元合作模式为服装电商搭建新平台，赋予新产能。

11月17日~19日，“2017广州国际男装博览会暨2018春夏男装新品发布会”在广州琶洲展览中心启幕。展会占地面积约20000m^2，展出200多个中国男装实力品牌，品类涵盖服装、鞋包、配饰、面辅料等。作为中国首个以男装春夏展为主题的展会，广州国际男装博览会将开创性的集原创设计、供应链整合、多品类采购为一体，着力打造以男装为核心的国际性商贸平台，推动实现品牌渠道融合、创新改革及产业升级。

11月18日，“2017中国纺织服装供应链（虎门）论坛”在东莞虎门龙泉国际大酒店召开，本次论坛的主题为“服装品牌快速反应、供应链战略与产品设计”。当前，中国服装品牌线上与线下的业务模式由竞争关系演变为互补关系，此过程衍生出与国际服装品牌不同的操作和运营方法。这将对中国服装品牌的发展、中国服装市场未来格局产生深远的影响。

附录4

2017年品牌建设相关政策文件摘录

质量品牌提升“十三五”规划（摘录）

质检总局 2016年12月16日

二、指导思想、基本原则和发展目标

（三）发展目标

1. 质量总体水平明显提升。质量发展在产业转型升级中的支撑作用得到进一步强化，质量创新能力明显增强，质量竞争型产业比重逐步提高，出口产品质量溢价水平明显提升，涌现出一批质量领军企业、优势产业以及消费者喜爱的国民产品和优质服务。国产中高端消费品市场占有率进一步提高，网络交易产品和服务质量保障能力显著提升，服务业质量水平明显改善，实现服务质量的标准化、规范化和品牌化，建成一批国家级综合服务业标准化试点。更好地发挥质量的战略性、基础性和支撑性作用，区域质量发展更加协调，产品、企业、产业、区域的质量竞争力得到强化，社会公众的质量获得感明显增强。到2020年，制造业质量竞争力指数达到84.5，产品质量国家监督抽查合格率稳定在92%以上，制造业产品质量合格率达到94.8%，重点服务业顾客满意度达到78，建成出口工业产品质量安全示范区200个、国家级出口食品农产品质量安全示范区350个、检验检测认证公共服务平台示范区10个、食品农产品认证示范创建区100个、国家级综合服务业标准化试点1000个、质量风险信息监测点500个。

2. 品牌建设取得较大成效。品牌建设基础进一步夯实，自主品牌和知名品牌数量显著增加，品牌市场占有率大幅提高，品牌价值和效应明显提升，品牌建设成果有效促进经济发展和民生改善。品牌培育能力显著增强，培育形成一批拥有国际知名品牌和核心竞争力的优势企业，发展壮大一批品牌形象突出、服务平台完备、质量水平一流的产业集群，逐步树立“中国制造”和“中国服务”安全诚信优质的新形象。到2020年，建成全国知名品牌质量提升示范项目（区）50个、全国知名品牌示范区80个、国家地理标志产品保护示范区40个、生态原产地产品保护示范区50个、中国知名品牌和国际知名品牌300个。

3. 质量发展基础更加扎实。质量技术基础对产业发展的支撑和引领作用进一步强化，国家质量技术基础一站式服务试点取得显著成效，质量技术基础更加稳固，攻克一批影响产业质量提升的关键共性问题。质量高等教育和职业教育进

一步强化，政府、企业经营管理者、产业工人的质量意识明显增强，工匠精神得到弘扬，全民质量素质不断提升，质量人才梯队建设更加成熟。

4. 质量治理与促进体系进一步健全。质量宏观管理工作进一步加强，质量法律法规体系更加完善，品牌发展战略有效实施，质量安全监管机制不断优化，事中事后监管得到加强，进出口商品质量安全监管能力明显提升，食品农产品进出口安全监管水平进一步提高，国家技术性贸易措施体系更加完善，社会监管、舆论监督、消费者选择更加科学有效，质量安全多元救济机制逐步建立，产品和服务的质量保障体系更加完善。

三、主要任务

（一）实施质量强国战略，提升发展质量效益

1. 树立优质发展理念。大力宣传和实施质量强国战略，坚持质量至上、好字当先、好中求快，全面提高各行各业的质量管理意识。弘扬诚实守信、持续改进、创新发展、追求卓越的质量精神，提倡工匠精神，为推动中国制造走向精品制造、中国服务走向优质服务注入质量底蕴。提升全民质量意识和品牌意识，倡导科学理性、优质安全、节能环保的消费理念，提升生活质量水平。

2. 创新质量宏观管理。进一步健全大质量工作机制，推动实施质量强国战略，继续深入开展质量强省、质量强市、质量强县活动。建立健全科学规范的质量工作绩效考核评价体系，争取将绩效考核结果纳入领导班子和领导干部综合考核评价，作为领导班子建设和领导干部选拔任用、培养教育、管理监督、激励约束的依据之一。严格质量事故调查和责任追究，加大警示问责和督导整改力度，严肃查处质量事故涉及的渎职腐败行为。

3. 完善质量统计体系。加强宏观质量和效益研究，探索建立科学反映质量提升成效的综合指标，健全以产品质量合格率、质量竞争力、质量工作满意度、质量技术基础等为主要内容的质量指标体系，推动将质量指标纳入国民经济和社会发展统计公报。研究建立城市发展质量指标体系，引导城市发展由外延扩张式向内涵提升式转变。完善质量统计调查制度，加强质量状况分析，提供着眼经济发展全局、反映质检职能的高水平质量状况分析报告，建立质量信息发布制度，定期发布区域性质量竞争力指数，研制国家质量技术基础建设能力指数，将质检部门打造成为“质量信息权威发布机构”，建立集信息发布、在线调查、资源共享、沟通交互于一体的质量综合服务平台。

4. 推进质量诚信体系建设。完善质量信用信息共享归集机制，搭建质量信用信息共享交换平台，推进社会信用体系建设部际联席会议成员单位间的信息共享。完善企业质量信用档案和产品质量信用信息记录，健全质量信用评价体系，推进质量信用分级分类管理。完善质量信用守信激励和失信惩戒机制，联合各部门实施严重质量失信联合惩戒，加大对质量失信惩戒力度。推动企业强化质量主体责任和诚信意识，实施产品质量信息自我披露，公开产品质量承诺，发布质量信用报告，强化企业自觉承担质量主体责任意识。对进出口食品农产品生产经营企业依法实施信用管理，建立进出口信用记录制度。

5. 完善质量法治体系。牢固树立质量法治理念，坚持运用法律手段解决质量发展中的突出矛盾和问题。加快质量促进法等法律法规的制修订工作，为实施质量品牌提升提供法律保障。严格

依法行政，规范执法行为，保证严格执法、公正执法、文明执法。加强执法队伍建设，开展对执法人员的培养与培训，提高执法人员综合素质和执法水平。完善质量法制监督机制，落实执法责任，切实做到有权必有责、用权受监督、侵权须赔偿、违法要追究。加强质量法制宣传教育，普及质量法律知识，营造学法、用法、守法的良好社会氛围。

（二）培育质量品牌优势，引领供需结构升级

1. 推广先进质量管理方法。推广卓越绩效、六西格玛、精益生产等质量管理模式和方法，以及中国质量奖获奖组织的质量理念和管理方法。开展品牌培育、质量标杆遴选等试点示范活动，支持企业开展质量管理小组、现场改进等群众性质量管理活动。鼓励企业制定实施先进质量管理和过程控制标准，采用先进质量工程方法，推动质量技术进步，提高质量在线监测控制和产品全生命周期质量追溯能力，加快以“两化”融合促进质量提升。引导企业加强从原料采购到生产销售的全流程质量和品牌管理，建立完善质量、品牌、环境、职业健康安全和社会责任等管理体系。

2. 推动自主品牌建设。培育具有国际影响力的品牌评价理论研究机构和品牌评价机构，构建具有中国特色的品牌价值评价机制，完善品牌评价相关标准，积极参与品牌评价相关国际标准制定。开展区域品牌价值评价，对区域品牌价值评价结果进行分析研究，指导各类园区不断提升区域品牌的价值和效应，支持和鼓励地方开展区域品牌建设探索，推动打造具有国际影响力的中国区域品牌。大力推广标杆企业和区域在品牌建设方面的先进经验，发挥优秀品牌在品牌建设、质量提升等方面的示范和引领作用，带动企业和区域品牌建设。推广地理标志产品区域品牌建设，研究制定地理标志品牌评价标准，健全地理标志品牌评价模式（表32）。

表32 品牌价值提升行动

（1）加强品牌培育。
开展品牌宣传推广和满意度调查，建立中国品牌重要指标数据库，培育品牌建设专业人才。实施品牌发展战略，建立完善品牌评价制度和培育推广机制，培育一批中国知名品牌和国际知名品牌。围绕品牌建设核心领域研发一批新型认证制度（项目），加大认证认可检验检测结果采信力度，培育一批具有知名品牌的综合性检验检测认证集团。
（2）健全品牌服务体系。
扶持一批品牌培育和运营专业服务机构，培育一批具有较强影响力的品牌设计和广告服务机构，建立专业的品牌测评机构。完善品牌价值评价体系，为企业品牌创建提供咨询评估。深化品牌消费集聚区建设试点，支持地方和行业协会办好博览会、时装周、设计大赛等重大品牌活动，培育一批具有国际影响力、拥有核心竞争力的品牌展览展示机构。
（3）推进品牌国际化。
支持国内外高校、科研院所、社会中介组织等联合创建国际品牌研究机构，鼓励优势品牌企业开展国际交流合作，引进国际化品牌管理人才和经营理念，建设海外研发设计机构及营销渠道。支持品牌企业以参股、换股、并购等形式与国际品牌企业合作，提高品牌国际化运营能力。支持品牌企业参加国际展览展销，积极开拓海外市场，提高品牌产品出口比重。
（4）做好品牌保护。
积极开展品牌保护工作，为品牌企业提供品牌保护技术手段和维权打假等服务，推动建立企业自我保护、行政保护和司法保护三位一体的品牌保护体系。鼓励品牌企业运用现代防伪溯源技术及手段，加大品牌保护力度。支持全国产品防伪溯源验证公共平台建设，为品牌企业和消费者提供公益权威专业的产品真伪查验渠道，为政府提供打假技术支撑，树立品牌形象，提升品牌信誉，保护品牌权益。

3. 实施质量奖励制度。不断完善中国质量奖评选机制，提升中国质量奖的规模和影响力，把中国质量奖打造成代表中国质量、中国品牌的名片。加强与行业主管部门沟通，建立和完善相关行业质量的评价体系，逐步扩大中国质量奖评选

范围，推动全社会重视和追求质量。鼓励各级地方政府开展质量奖表彰，树立质量发展标杆，总结标杆经验，强化标杆引领作用。完善各地政府质量奖配套激励措施，引导地方政府在采购、招投标方面给予政策性优惠。加强部门协同，创新引导政策，以财政、税收、土地、金融等政策工具推动质量提升。

4. 加强自主品牌宣传展示。推动设立“中国品牌日”，大力宣传知名自主品牌，讲好中国品牌故事，提高自主品牌影响力和认知度。定期举办中国自主品牌博览会，在重点出入境口岸设置自主品牌产品展销厅，在世界重要市场举办中国自主品牌巡展推介会，扩大自主品牌的知名度和影响力。

（三）突出重点领域提升，增进民生质量福祉

1. 实施消费品质量提升行动。鼓励有实力的企业针对消费品市场热点，加快研发、设计和制造，及时推出一批新产品。支持企业利用现代信息技术，推进个性化定制、柔性化生产，满足消费者差异化需求。对重点消费品开展重点性能指标比对抽查，提高国内消费品供给质量，积极引导海外消费回流。加大消费品监督抽查工作力度，加强事中事后监管，提高监督抽查整体效能。在婴童用品、家电等领域实施覆盖产品全生命周期的质量管理、质量自我声明和质量追溯制度。推动中国标准与国际标准全面接轨，促进内外销产品“同线同标同质”。实施消费品风险监测和质量安全事故调查，发布风险警示和消费提示，开展有针对性的消费品质量安全知识普及教育工作，提高特殊群体、基层消费者科学消费、理性消费、绿色消费的意识与能力。在中小城市、农村市场开展打击生产和销售假冒伪劣消费品专项行动。完善缺陷产品召回法律规范体系建设，推进消费品召回立法进程，科学制定召回目录，逐步把涉及人身、财产安全的消费品全部纳入召回范围。鼓励行业协会依托产业集群、国家新型工业化产业示范基地等，指导开展消费品区域品牌创建工作（表33）。

表33　消费品质量提升专项行动

（1）推动重点消费品质量提升。

以空气净化器、电饭煲、智能马桶盖、智能手机、儿童纸尿裤、儿童玩具、婴幼儿童装、厨具、床上用品、家具等10类消费品为重点，摸清一批重点消费品质量安全状况，推进一批消费品生产企业实现“同线同标同质”，创建一批消费品质量提升示范项目，整治一批消费品质量违法违规行为，宣传一批国货精品和民族品牌，为促进消费品质量明显提升、消费环境明显改善、消费者信心明显提振、消费需求潜力明显释放奠定良好基础。

（2）完善风险监控体系建设。

建设消费品质量安全风险快速预警系统，加强消费品质量安全风险监测和产品伤害监测，建立覆盖主要社区、乡镇和学校的消费品质量安全风险信息监测点，及时发布消费预警，有效防范和处置消费品质量安全风险。加大消费品质量监督抽查力度，加强抽查结果信息公开，严格抽查后处理工作。

2. 实施进出口商品质量提升行动。开展中国制造海外形象维护“清风”行动，建设出口假冒伪劣商品海外打假维权监测网，履行双边检验监管合作协议，与进口国建立跨境执法协作机制，促进输非、输中东、南亚东南亚、南美洲和出口“一带一路”沿线国家等商品质量提升。加强政策措施研究，促进跨境电子商务产品质量提升。大力推动出口工业产品质量安全示范区和示范企业建设，培育中国制造品牌，提升中国制造形象，增强消费者对中国制造的信心。

3. 实施电子商务产品质量提升行动。加大电商生产企业质量帮扶力度，指导电商经营企业建立健全产品质量管理制度，完善产品质量监控体

系，帮助企业查找存在的产品质量问题，提高企业质量源头管控能力。充分发挥电子商务产品生产集聚区地方政府的积极性，建设一批电子商务产品质量提升示范项目（区），促进区域产业提质增效和转型升级，发挥典型示范作用，带动电子商务产品质量整体水平提升。加大电子商务产品质量监管力度，持续开展电子商务产品质量监督抽查，向社会公布抽查结果，利用市场机制倒逼生产企业提高产品质量。开展电子商务产品质量执法打假专项行动，查处制售假冒伪劣产品窝点，适时公布电子商务制假售假典型案例，震慑质量违法行为，严厉打击电子商务产品质量违法行为（表34）。

表34 进出口商品质量提升专项行动

（1）积极支持跨境电商新业态发展。 加强跨境电子商务等新型贸易方式监管平台建设。加快推进跨境电子商务检验检疫产品质量安全风险国家监测中心建设，对跨境电子商务经营主体和商品备案信息实施一地备案，全国共享管理，减少企业重复录入，提高通关便利。 （2）强化出口商品质量提升。 强化出口商品质量安全监督抽查，监督抽查5000批出口商品。开展出口“一带一路”沿线国家商品质量状况分析。积极推动出口食品企业内外销“同线同标同质”工程帮扶行动计划。着力推动企业落实主体责任，精准帮扶1500家存在出口质量提升需求的企业，培育1000家以上出口食品企业达到“同线同标同质”要求。加强出口商品质量体系机制建设，建成出口工业产品质量安全示范区数量达到200个，新增100家中国出口质量安全示范企业。

4.实施国家地理标志产品保护质量提升行动。以《地理标志产品保护规定》为准绳，以技术标准体系、质量保证体系和检测认证体系为支撑，寓技术、标准、品牌、质量、服务于一体，提升国家地理标志产品保护水平，发挥地理标志精准扶贫、富民强县、服务外交外贸的重要作用。研究制定并试点试行地理标志产品专用标志自我声明制度。简化事前审批，加强事中事后监管，扩大国家地理标志产品专用标志使用范围（表35）。

表35 国家地理标志产品保护质量提升专项行动

（1）开展地理标志产品监督检查。 对已经保护的国家地理标志产品，以质检总局正式发布的地理标志保护公告及其质量技术要求为依据，组织各省级局牵头开展地理标志产品监督检查，保障地理标志产品质量特色。 （2）开展地理标志精准扶贫。 支持西部省份开展地理标志产品保护培训，指导帮扶西藏及四省藏区、新疆及其他贫困地区开展地理标志产品保护。 （3）开展国家地理标志产品保护示范区建设。 对将地理标志产品保护纳入当地经济发展规划的地区，支持开展示范区建设，指导示范区技术标准体系、质量保证体系和检测体系建设。 （4）开展地理标志产品品牌建设。 开展地理标志产品品牌价值评价，联合发布年度国家地理标志产品品牌价值50强，树立国家地理标志产品正形象。 （5）加强地理标志保护国际合作。 开展中欧、中美、中日、中泰等地理标志双边或多边国际保护合作，推进中国地理标志产品国际化，助推中国地理标志产品“走出去”。

5. 开展生态原产地产品保护质量品牌提升行动。统筹推进生态原产地产品保护评定制度和技术体系建设。应用生态原产地产品保护和示范区建设，助推生态产业发展和生态扶贫，以生态原产地产品保护助推品牌建设，推进供给侧改革、绿色消费和境外消费回流；倡导“一带一路”沿线国家绿色生态互惠发展行动，加强国际交流合作，提升生态原产地的国际认知度。探索生态原产地产品保护工作与“互联网+”融合，提升生态原产地产品保护品牌的公共认知度，打造一批享有国际声誉的自主品牌，树立起中国制造的质量品牌形象（表36）。

表36 生态原产地产品保护质量提升专项行动

（1）加强生态原产地制度和标准体系建设。 以《生态原产地产品保护评定通则》《生态原产地产品保护工作导则》《生态原产地产品评定机构管理规范》为基础，推进生态原产地产品保护立法、标准、监督管理体系建设，实现对生态原产地产品进行分类对标管理，开展生态原产地产品监督检查，保障生态原产地产品保护工作质量提升。 （2）发挥示范区引领示范作用。 落实国家生态文明建设示范区战略部署，促进区域经济转型升级，加强开展生态原产地产品保护示范区建设，发挥示范区引领示范作用，实现经济、生态效益双提升，推动经济可持续发展和民生改善和社会建设。 （3）强化生态原产地产品溯源保护体系。 建立全球生态原产地产品追溯平台，提升监管机构、企业、消费者质量在线监测、在线控制、产品全生命周期质量追溯、品牌推广以及营销模式创新等能力，引导绿色消费，促进生态产品扩大销售渠道，为消费者提供可识别、可溯源、可召回的保真原产地正品。 （4）推进生态原产地产品保护国际化进程。 抓住国家“一带一路”战略机遇，依托生态文明贵阳国际论坛、天津达沃斯论坛、亚太经合组织及APEC绿色供应链等国际平台，开展生态原产地国际交流合作，扩大生态原产地品牌的国际影响力。与剑桥等国际知名学府开展学术合作，提升我国生态原产地品牌和理念在国际上的影响力。 （5）实施生态原产地产品品牌培育计划。 与高等学府和研究机构合作，加强生态原产地品牌战略研究和专业人才培养，加大消费品、出口商品、服务业生态原产地品牌培育力度，推动地方政府出台配套激励措施。依托亚洲品牌年会发布年度“生态原产地产品保护品牌奖”“生态原产地产品保护领军人物奖”“生态原产地产品保护示范区奖”。 （6）大力扶持生态产业。 以“绿水青山、耕育田园、水土气林、立体防线、产业品牌、旅游优先”为扶持生态产业精准脱贫的出发点，促进贫困地区人口的生态脱贫、产业脱贫、品牌脱贫。支持贫困地区和革命老区将生态优势转化为品牌优势，扶持优势特色产品，打造生态原产地产品品牌，延长产业链，增加扶贫帮困面，扩大贫困地区生态产品的知名度和附加值。

工业和信息化部 国家发展和改革委员会关于印发《产业用纺织品行业“十三五”发展指导意见》的通知（摘录）

（工信部联消费[2016]448号）

工业和信息化部 国家发展和改革委员会 2016年12月30日

二、重点任务

（三）加强质量标准建设，培育行业知名品牌

1. 加强标准体系建设。建立包含国家标准、行业标准和团体标准的标准体系。建立跨部门协调与沟通机制，共同推进医疗卫生用纺织品、交通工具用纺织品等领域的跨行业综合标准化。鼓励行业、企业与国际先进标准对标，制定高水平的团体标准和企业标准。鼓励行业组织和企业积极参与国际标准的制修订工作。

2. 加强质量管理和信用体系建设。引导企业树立质量为先的经营理念，营造优质优价的市场

环境，鼓励企业加强质量管理，提高全产业链的质量保障能力。充分发挥第三方检测服务平台作用，提高公正检测评价服务能力，强化质量监督，开展跨行业质量评价工作，健全质量信用奖惩机制。在高温过滤用、土工建筑用纺织品等领域建立质量追溯机制。

3. 加强行业品牌建设。引导企业加强品牌意识，强化品牌宣传，培育有影响力的品牌。在日常防护用口罩、成人和婴儿纸尿裤等领域支持开展品牌评价研究，重点培育终端消费品品牌。在高温过滤、土工建筑、安全防护、医疗卫生用纺织品等领域开展企业信用评价，树立行业质量标杆，培育企业品牌。以重点产业集群为依托，积极打造主导产品突出、技术管理先进、质量保证体系完善的行业区域品牌。

商务部等16部门关于促进老字号改革创新发展的指导意见

商务部　发展改革委　教育部　人力资源社会保障部住房城乡建设部
文化部　国资委　税务总局工商总局　质检总局　知识产权局
旅游局银监会　证监会　文物局　中医药局
2017年1月13日

二、重点任务

（四）推动老字号传承与创新，提高市场竞争力

1. 支持老字号传承和创新传统技艺。支持老字号企业与职业院校合作共建“工匠创新工作室”和“工匠教学基地”，鼓励老字号技艺传承人到学校兼职任教、授徒传艺，培育和弘扬精益求精的工匠精神，实现传统技艺薪火相传。鼓励老字号通过建立博物馆等方式实现活态保护与传承。鼓励老字号在保护和传承优秀传统技艺的基础上，导入先进的质量管理方法和模式，运用先进适用技术创新传统工艺，提高产品质量和工艺技术水平，并根据市场需求研发新产品，吸引新顾客，开拓新市场。鼓励老字号与文化创意相结合，举办体现传统文化、符合现代生活方式和消费需求的文化、购物活动。

2. 支持老字号线上线下融合发展。落实国务院办公厅关于“互联网+流通”行动计划的部署，实施“老字号+互联网”工程，引导老字号适应电子商务发展需要，开发网络适销商品和款式，发展网络销售。引导老字号与电商平台对接，支持电商平台设立老字号专区，集中宣传，联合推广。鼓励老字号发展在线预订、网订店取（送）和上门服务等业务，通过线上渠道与消费者实时互动，为消费者提供个性化、定制化产品和服务。

3. 支持老字号创新经营管理模式。引导老字号建立现代企业制度，鼓励各类专业机构为老字号发展提供智力支持。鼓励老字号建立健全科学的激励、决策和用人机制，探索建立职业经理人制度，支持高校和中等职业学校毕业生到老字号就业。鼓励和支持老字号将传统经营方式与现代服务手段相结合，积极推进标准化改造，大力发

展连锁经营、特许经营，拓展品牌影响力。鼓励老字号应用微博、微信等新媒体，传播老字号品牌历史和商业文化。加大老字号纪念品、礼品的开发力度，积极推广老字号旅游产品，不断推进老字号和旅游企业在景点建设、线路开发、宣传推广方面的合作。

（五）加强老字号经营网点保护，优化发展环境

4. 加强老字号原址风貌保护。将符合条件的老字号确定为文物保护单位、历史建筑并进行原址保护，对老字号比较集中的地区，划定为历史文化街区，编制保护规划，确定保护原则，划定保护范围，明确保护措施。在旧城拆迁改造中，尽量在老字号原址或附近安置老字号，保留原有商业环境，有条件的地方可以适当提高老字号征收补偿标准。

5. 促进老字号集聚发展。鼓励有条件的城市打造老字号特色商业街，汇聚各类老字号店铺，引导特色产品和服务集聚，带动老字号抱团发展。合理放宽对临街老字号店铺装潢装修的限制，按照传统或原有建筑风格对店铺外观进行修缮，体现历史文化特色。合理放宽对老字号户外营销活动的限制，支持老字号积极开展店内外传统技艺展示活动，促进特色消费增长和区域经济繁荣。鼓励老字号企业较为集中、条件较为成熟的地区开展“全国知名品牌创建示范区”建设。

（六）推进老字号产权改革，增强企业自主发展能力

6. 深化老字号企业产权改革。推动国有老字号体制改革和机制创新，积极引进各类社会资本，提升老字号管理水平和发展活力。支持经营业务相近或具有产业关联关系的老字号整合重组，打造老字号企业集团，培育行业龙头企业。鼓励大中型企业依法合规控股、收购、兼并老字号，以老字号为龙头整合内部资产，充分挖掘和开发老字号品牌价值。

7. 注重发挥老字号品牌价值。建立和完善老字号品牌价值评估体系，量化老字号无形资产价值并依法确认所有权。开展品牌价值评价、发布、推广、技术服务等活动，实施商标品牌战略，不断提升老字号品牌价值，推动打造国际知名的老字号品牌。鼓励以品牌作价入股方式，解决部分老字号注册商标专用权所有权和使用权分离问题，为老字号持续健康发展提供保障。在老字号改制重组过程中，要注重对老字号品牌的保护和开发，注重对主营业务的传承和延续，对老字号品牌的投入应“只增不减”。修改完善老字号标识使用规定，指导老字号企业规范使用老字号标识。

8. 推动老字号积极对接资本市场。鼓励创业投资基金管理机构、股权投资基金管理机构以及其他符合条件的金融机构发起设立老字号投资基金，对品牌价值高、发展潜力大的老字号加大资金、管理和技术投入。鼓励银行业金融机构在风险可控、商业可持续前提下，结合老字号企业融资特点，进一步加大金融创新力度，不断提升对老字号企业的金融服务质效。推进老字号核心优质资产证券化，支持符合条件的老字号上市首发股票或到全国中小企业股份转让系统挂牌，利用多层次资本市场做大做强。

三、保障措施

（九）加强知识产权保护。鼓励和支持老字号进行商标、域名的注册和专利申请工作，严厉打击侵犯老字号知识产权和制售假冒伪劣老字号产品的不法行为。推动设立老字号知识产权重大侵权案件快速维权通道，集中查处一批侵权严

重、社会影响大的案件。建立老字号知识产权纠纷互助合作及多元化解决机制，调动社会各界积极性，充分发挥各类社团及相关机构调解老字号知识产权纠纷的重要作用，共同开展境内外知识产权纠纷的预警、起诉和维权工作。

（十）加大政策支持力度。积极利用各级财政资金对老字号改革创新发展给予支持，鼓励各类金融机构加大对老字号改制重组、技艺改造、连锁经营的支持力度。继续鼓励符合条件的老字号纳入各级非物质文化遗产代表性项目名录。将餐饮、医药和食品行业老字号原材料生产基地纳入冷链物流体系，为实现“原汁、原味、原生态”提供支撑。在小微企业创业创新基地城市示范中充分发挥老字号的示范引领作用。构建老字号企业公共服务平台和服务体系，为老字号提供经营管理咨询、培训及营销渠道和信息技术等方面的支持。鼓励中医药类老字号开办中医医疗机构，将符合条件的按规定纳入医疗保险定点医疗机构范围。鼓励老字号参与服务贸易活动，重点开展中医药健康旅游等项目，形成示范效应，在推动经济转型升级中发挥作用。

中共中央办公厅　国务院办公厅
印发《关于实施中华优秀传统文化传承发展工程的意见》

2017年1月25日

三、重点任务

10. 保护传承文化遗产。坚持保护为主、抢救第一、合理利用、加强管理的方针，做好文物保护工作，抢救保护濒危文物，实施馆藏文物修复计划，加强新型城镇化和新农村建设中的文物保护。加强历史文化名城名镇名村、历史文化街区、名人故居保护和城市特色风貌管理，实施中国传统村落保护工程，做好传统民居、历史建筑、革命文化纪念地、农业遗产、工业遗产保护工作。规划建设一批国家文化公园，成为中华文化重要标识。推进地名文化遗产保护。实施非物质文化遗产传承发展工程，进一步完善非物质文化遗产保护制度。实施传统工艺振兴计划。大力推广和规范使用国家通用语言文字，保护传承方言文化。开展少数民族特色文化保护工作，加强少数民族语言文字和经典文献的保护和传播，做好少数民族经典文献和汉族经典文献互译出版工作。实施中华民族音乐传承出版工程、中国民间文学大系出版工程。推动民族传统体育项目的整理研究和保护传承。

12. 融入生产生活。注重实践与养成、需求与供给、形式与内容相结合，把中华优秀传统文化内涵更好更多地融入生产生活各方面。深入挖掘城市历史文化价值，提炼精选一批凸显文化特色的经典性元素和标志性符号，纳入城镇化建设、城市规划设计，合理应用于城市雕塑、广场园林等公共空间，避免千篇一律、千城一面。挖掘整理传统建筑文化，鼓励建筑设计继承创新，推进城市修补、生态修复工作，延续城市文脉。加强“美丽乡村”文化建设，发掘和保护一批处处有历史、步步有文化的小镇和村庄。用中华优秀传统文化的精髓涵养企业精神，培育现代企业文化。实施中华老字号保护发展工程，支持一批文化特色浓、品牌信誉高、有市场竞争力的中华老字号做精做强。深入开展“我们的节日”主题活动，实施中国传统节日振兴工程，丰富春节、元宵、清明、端午、七夕、中秋、重阳等传统节日文化内涵，形成新的节日习俗。加强对传统历法、节气、生肖和饮食、医药等的研究阐释、活态利用，使其有益的文化价值深度嵌入百姓生活。实施中华节庆礼仪服装服饰计划，设计制作展现中华民族独特文化魅力的系列服装服饰。大力发展文化旅游，充分利用历史文化资源优势，规划设计推出一批专题研学旅游线路，引导游客在文化旅游中感知中华文化。推动休闲生活与传统文化融合发展，培育符合现代人需求的传统休闲文化。发展传统体育，抢救濒危传统体育项目，把传统体育项目纳入全民健身工程。

14. 推动中外文化交流互鉴。加强对外文化交流合作，创新人文交流方式，丰富文化交流内容，不断提高文化交流水平。充分运用海外中国文化中心、孔子学院，文化节展、文物展览、博览会、书展、电影节、体育活动、旅游推介和各类品牌活动，助推中华优秀传统文化的国际传播。支持中华医药、中华烹饪、中华武术、中华典籍、中国文物、中国园林、中国节日等中华传统文化代表性项目“走出去”。积极宣传推介戏曲、民乐、书法、国画等我国优秀传统文化艺术，让国外民众在审美过程中获得愉悦、感受魅力。加强“一带一路”沿线国家文化交流合作。鼓励发展对外文化贸易，让更多体现中华文化特色、具有较强竞争力的文化产品走向国际市场。探索中华文化国际传播与交流新模式，综合运用大众传播、群体传播、人际传播等方式，构建全方位、多层次、宽领域的中华文化传播格局。推进国际汉学交流和中外智库合作，加强中国出版物国际推广与传播，扶持汉学家和海外出版机构翻译出版中国图书，通过华侨华人、文化体育名人、各方面出境人员，依托我国驻外机构、中资企业、与我友好合作机构和世界各地的中餐馆等，讲好中国故事、传播好中国声音、阐释好中国特色、展示好中国形象。

国务院关于落实《政府工作报告》重点工作部门分工的意见（摘录）

（国发〔2017〕22号）

国务院　2017年3月22日

三、深化重要领域和关键环节改革

（十五）加强产权保护制度建设

加快完善产权保护制度，依法保障各种所有制经济组织和公民财产权，激励人们创业创新创富，激发和保护企业家精神，使企业家安心经营、放心投资。对于侵害企业和公民产权的行为，必须严肃查处、有错必纠。（国家发展改革委牵头，全国打击侵犯知识产权和制售假冒伪劣商品工作领导小组办公室、工业和信息化部、公安部、司法部、财政部、国土资源部、农业部、商务部、人民银行、国务院国资委、工商总局、国家林业局、国家知识产权局、国务院法制办、全国工商联等按职责分工负责）研究住宅土地使用权到期续期问题，积极配合有关方面提出相关法律修改议案。（国土资源部、国务院法制办牵头，财政部、住房城乡建设部等按职责分工负责）

四、进一步释放国内需求潜力

（十八）促进消费稳定增长

适应消费需求变化，完善政策措施，改善消费环境。加快发展服务消费。开展新一轮服务业综合改革试点，支持社会力量提供教育、文化、养老、医疗等服务。推动服务业模式创新和跨界融合，发展医养结合、文化创意等新兴消费。落实带薪休假制度，完善旅游设施和服务，大力发展乡村、休闲、全域旅游。扩大数字家庭、在线教育等信息消费。促进电商、快递进社区进农村，推动实体店销售和网购融合发展。（国家发展改革委、教育部、工业和信息化部、民政部、财政部、人力资源社会保障部、住房城乡建设部、交通运输部、农业部、商务部、文化部、国家卫生计生委、国家林业局、国家网信办、国家旅游局、国家邮政局、供销合作总社等按职责分工负责）增加高品质产品消费。引导企业增品种、提品质、创品牌，扩大内外销产品“同线同标同质”实施范围，更好满足消费升级需求。（工业和信息化部、质检总局、国家发展改革委等按职责分工负责）整顿和规范市场秩序。严肃查处假冒伪劣、虚假广告、价格欺诈等行为，加强消费者权益保护，让群众花钱消费少烦心、多舒心。（全国打击侵犯知识产权和制售假冒伪劣商品工作领导小组办公室、商务部牵头，国家发展改革委、工商总局、质检总局、食品药品监管总局、国家知识产权局等按职责分工负责）

五、以创新引领实体经济转型升级

（二十二）提升科技创新能力

完善对基础研究和原创性研究的长期稳定支持机制，建设国家重大科技基础设施和技术创新中心，打造科技资源开放共享平台。推进全面创新改革试验。（科技部、国家发展改革委牵头，有关部门按职责分工负责）改革科技评价制度。切实落实高校和科研院所自主权，落实股权期权和分红等激励政策，落实科研经费和项目管理制度改革，让科研人员不再为杂事琐事分心劳神。（科技部牵头，国家发展改革委、教育部、财政部、国务院国资委、中科院、工程院、自然科学基金会、中国科协等按职责分工负责）

开展知识产权综合管理改革试点。（国家知识产权局牵头，中央编办、工商总局、国家版权局等按职责分工负责）完善知识产权创造、保护和运用体系。（全国打击侵犯知识产权和制售假冒伪劣商品工作领导小组办公室、工商总局、国家版权局、国家知识产权局等按职责分工负责）深化人才发展体制改革，充分激发科研人员积极性，成就创新大业。（人力资源社会保障部、国家外专局等按职责分工负责）实施更加有效的人才引进政策，广聚天下英才。（国家外专局牵头，有关部门按职责分工负责）

（二十四）大力改造提升传统产业

深入实施《中国制造2025》，加快大数据、云计算、物联网应用，以新技术新业态新模式，推动传统产业生产、管理和营销模式变革。把发展智能制造作为主攻方向，推进国家智能制造示范区、制造业创新中心建设，深入实施工业强基、重大装备专项工程，大力发展先进制造业，推动中国制造向中高端迈进。完善制造强国建设政策体系，以多种方式支持技术改造，促进传统产业焕发新的蓬勃生机。（工业和信息化部、国家发展改革委、科技部、财政部、人民银行、国务院国资委等按职责分工负责）

（二十六）全面提升质量水平

广泛开展质量提升行动，加强全面质量管理，夯实质量技术基础，强化质量监督，健全优胜劣汰质量竞争机制。大力弘扬工匠精神，厚植工匠文化，恪尽职业操守，崇尚精益求精，完善激励机制，培育众多“中国工匠”，打造更多享誉世界的“中国品牌”，推动中国经济发展进入质量时代。（质检总局牵头，国家发展改革委、工业和信息化部、商务部、国家卫生计生委、国务院国资委、工商总局、食品药品监管总局、国家旅游局、全国总工会、共青团中央等按职责分工负责）

七、积极主动扩大对外开放

（三十一）扎实推进“一带一路”建设

坚持共商共建共享，加快陆上经济走廊和海上合作支点建设，构建沿线大通关合作机制。深化国际产能合作，带动我国装备、技术、标准、服务“走出去”，实现优势互补。加强教育、科技、文化、卫生、旅游等人文交流合作。高质量办好“一带一路”国际合作高峰论坛，同奏合作共赢新乐章。（国家发展改革委、外交部、商务部牵头，教育部、科技部、工业和信息化部、公安部、财政部、交通运输部、文化部、国家卫生计生委、人民银行、国务院国资委、海关总署、质检总局、国家旅游局、国家海洋局等按职责分工负责）

国务院关于同意设立“中国品牌日”的批复

（国函〔2017〕51号）

国务院　2017年4月24日

国家发展改革委：

你委《关于设立“中国品牌日”的请示》（发改产业〔2016〕2484号）收悉。同意自2017年起，将每年5月10日设立为“中国品牌日”。具体工作由你委商有关部门组织实施。

国务院办公厅关于印发2017年全国打击侵犯知识产权和制售假冒伪劣商品工作要点的通知（摘录）

国务院办公厅　2017年5月16日

一、持续推进重点领域治理

（一）加大互联网领域侵权假冒治理力度

强化网上交易管理。开展2017网络市场监管专项行动，以打击侵权假冒、虚假宣传等违法行为为重点，提升协同管网水平。开展以消费品为重点的电子商务产品质量执法打假专项行动，进一步健全电子商务产品质量执法打假全国协查机制，加强追踪溯源和全链条打击。加强农村电子商务产品质量问题集中整治。加大互联网医疗监督管理力度。开展邮件、快件寄递渠道重点执法。（工业和信息化部、公安部、农业部、国家卫生计生委、海关总署、工商总局、质检总局、食品药品监管总局、国家网信办、国家邮政局按职责分工分别负责）加强网络侵权盗版治理。深入开展“剑网行动”，进一步加大网络文学、影视、动漫、教材等领域和电子商务、软件应用商店等平台版权整治力度，严格新闻作品转载使用，将新型传播方式纳入版权监管范围。组织查处违法违规互联网文化产品和经营单位。继续深入开展电子商务领域专利执法维权行动，健全电子商务领域专利执法维权机制。（工业和信息化部、公安部、文化部、工商总局、新闻出版广电总局、国家知识产权局、国家网信办按职责分工分别负责）强化交易平台监管。继续加强网站备案、网际协议地址（IP地址）、域名等基础管理，严格网络零售第三方平台交易规则备案管理。指导和督促电子商务平台切实落实主体责任，进一步完善内部管理制度，加强对网络经营者的资格审查，严格内容审核，研发应用技术措施，加强商品和营销信息监控，畅通举报处置渠道，提高自我管理能力。组织对网站完善内控管理情况进行督导检查验收，从源头上阻断有害信息发布传播渠道。（工业和信息化部、公安部、商务部、文化部、工商总局、质检总局、新闻出版广电总局、国家网信办按职责分工分别负责）

（二）持续开展农村和城乡结合部市场治理

针对农村市场侵权假冒行为易发多发的情况，从生产源头、流通渠道、消费终端多管齐下，加强市场监管执法，严厉打击违法犯罪行为，净化农村市场环境。（公安部、农业部、商务部、工商总局、质检总局、食品药品监管总局、国家林业局、国家知识产权局、国家邮政局按职责分工分别负责）严厉打击制售假劣农资违法犯罪行为。深入开展红盾护农行动，依法加强农资市场监管。开展春、秋两季农资打假专项治理行动，加大大案要案查处和曝光力度。推动农产品质量安全例行监测、农资质量监督抽查和执法办案相结合，强化检测、监管、执法部门联动。严肃查处含量不合格、标识不规范、无证生产化肥农药以及非法添加违禁成分行为。（农业部、工业和信息化部、公安部、工商总局、质检总局、高检院、高法院按职责分工分别负责）组织开展全国林木种苗质量抽查，对持有林木种子经营许可证的企业开展“双随机”抽查。（国家林业局负责）

（三）深入开展中国制造海外形象维护“清风”行动

重点针对“一带一路”沿线国家和地区，突出进出口、重点专业市场、跨境电子商务等重点环节，加强部门执法协作，严厉打击跨境制售侵权假冒商品违法犯罪行为。加强进出口高风险货物监控，建立风险信息数据分析模型，提高打击精准度。加强对重点产品生产企业、输出重要商品的集散地和大型专业市场的监管，强化涉外展会、交易会的知识产权保护。充分发挥驻外经商机构和贸促会驻外代表处职能作用，加强对外沟通协调和对境外中资企业、商户的服务与教育引导。（工业和信息化部、公安部、农业部、商务部、海关总署、工商总局、质检总局、食品药品监管总局、国家知识产权局、国家网信办、国家邮政局、贸促会按职责分工分别负责）

二、大力加强商品质量日常监管

（四）加强重点产品管理

围绕群众普遍关心的事关生命健康、财产安全、环境保护的重点产品，深入开展“质检利剑”专项行动，严肃查处质量违法行为。（质检总局负责）进一步规范流通领域商品质量监管工作，积极开展商品质量监管执法，加强线上线下商品质量一体化监管。（工商总局负责）对假冒治疗慢性病药品、无证医疗器械和假冒知名化妆品等重点产品，加大打击力度，坚决查处一批典型案件。积极拓展案源，主动发现线索，严肃查处通过投诉举报、虚假广告监测等渠道发现的违法行为。（食品药品监管总局负责）开展“双随机”抽查，重点监管第一类消毒产品生产企业，加强对消毒剂、消毒器械、灭菌剂、灭菌器械等重点产品的抽检。（国家卫生计生委负责）加强车用燃油监管，重点加强车用汽柴油和普通柴油质量监管与专项检查，集中力量严肃查处生产、销售假劣车用油品行为，严厉打击黑加油站点。对非标油进行综合治理，加大道路运输环节稽查抽检力度。（国家发展改革委、公安部、环境保护部、商务部、国务院国资委、税务总局、工商总局、质检总局等按职责分工分别负责）

（五）加强重点区域治理

把区域集中整治作为质量和品牌提升行动的重要内容，创新管理理念和工作方式，完善治理机制，积极巩固整治成果，推进区域性质量问题集中整治深入开展。（质检总局负责）

三、加大打击侵犯知识产权工作力度

（八）依法处理侵犯专利权行为

深入开展知识产权执法维权专项行动，以食品、药品、医疗器械、环境保护等民生和高新技术相关领域为重点，进一步加大专利执法办案工作力度。增强专项行动的协同性，带动执法办案效率持续提升。（国家知识产权局牵头负责）

（九）加强商标行政执法

加大对驰名商标、地理标志、涉外商标和老字号商标的保护力度。协调查处重大仿冒侵权行为。将查处商标侵权假冒行为的监督检查和行政处罚信息纳入国家企业信用信息公示系统，加大失信惩戒力度。研究推进商标代理信用监管，提高商标代理行业服务水平。（工商总局牵头负责）

（十）加大版权保护工作力度

严肃查处侵权盗版行为，集中查处一批大案要案，加强重点产业专项保护。组织开展“秋风2017”专项行动，着力查缴盗版文学作品、少儿读物、教材教辅，从严查处高校及其周边复印店、培训机构擅自编印教材教辅行为。按照“双随机、一公开”要求，开展版权重点企业、印刷复制发行企业专项检查。（新闻出版广电总局牵头负责）对部分地区文化市场进行暗访抽查。（文化部负责）

六、加强法规制度建设

（二十一）加强信用建设与联合奖惩

建设完善全国信用信息共享平台，统筹部门信用信息系统与地方公共信用信息共享平台建设。优化完善“信用中国”网站，做好信用信息、行政许可和行政处罚信息、联合奖惩信息、红黑名单信息公示工作。加强信用法律制度建设，完善守信联合激励和失信联合惩戒机制。（国家发展改革委、人民银行牵头负责）建立打击侵犯知识产权和制售假冒伪劣商品领域黑名单。（全国打击侵权假冒工作领导小组有关成员单位按职责分工分别负责）加快完善国家企业信用信息公示系统，继续推进涉企信息归集共享和失信联合惩戒工作。（工商总局牵头负责）完善全国企业质量信用档案，建立质量信用信息归集机制。（质检总局负责）将打击侵权假冒作为互联网诚信体系建设的重要内容，大力营造依法办网、诚信用网的良好氛围。（国家网信办负责）推进农资领域、寄递行业、林木种苗企业诚信体系建设工作。（农业部、国家林业局、国家邮政局按职责分工分别负责）

工商总局关于深入实施商标品牌战略推进中国品牌建设的意见（摘录）

（工商标字〔2017〕81号）

工商总局　2017年5月17日

四、全面构建品牌培育服务体系

（七）规范发展商标品牌服务业

支持和鼓励商标品牌服务机构不断提升服务水平，在商标品牌设计、价值评估、注册代理、法律服务等环节有力支撑品牌发展。优化空间布局，形成一批商标品牌服务业集聚区。充分发挥商标代理机构在品牌建设中的作用，拓宽服务内容，提高服务能力。建立健全商标代理机构信用档案，完善执业信息披露制度，加强信用监管。发挥商标品牌服务行业组织作用，加强行业自律，制定服务标准，建立健全守信激励、失信惩戒工作机制。

（八）分类指导企业实施商标品牌战略

支持鼓励企业制定符合自身发展特点的商标品牌战略。出台企业商标品牌工作指南，分类指导企业实施商标品牌战略，健全商标品牌管理体系，发挥商标品牌引领作用，带动技术创新能力、产品和服务质量、市场营销水平、企业文化等全面协调发展，打造知名品牌，提升我国品牌在国际知名的品牌价值排行榜位次和上榜数量。

（九）提高企业商标品牌资产运用能力

积极拓宽融资渠道，推进地方注册商标质权登记申请受理点建设，帮助企业特别是中小微企业解决融资难题。引导企业开展商标品牌资本化运作，在企业并购、股权流转、对外投资等活动中，加强商标品牌资产评估管理。创新商标授权使用形式。进一步加强注册商标连续三年不使用撤销审查，促进注册商标使用。强化商标交易监管，加强交易规则和监管制度研究设计，切实规范商标交易行为，防止恶意抢注并转让牟利。

（十）开展商标品牌创业创新基地建设

统筹推进商标受理窗口、注册商标质权登记申请受理点等公共服务资源与地方发展相结合，建设商标品牌创业创新基地，发挥基地的辐射带动作用，有效促进产业集群、地理标志产业区、商标密集型产业集聚区、商标品牌服务业集聚区的品牌培育。

（十一）规范发展商标品牌价值评价体系

加强品牌商誉保护，完善商标产权评估制度，有效促进商标产权的运用与保护。支持中国商标品牌研究院等研究机构建立科学的商标品牌价值评价体系和标准，稳步开展商标品牌价值评价工作，发布《中国商标品牌价值排行榜》和《中国商标品牌发展报告》。

五、统筹推进产业区域品牌建设

（十二）加强部门行业协作

促进商标品牌政策与产业、科技、贸易政策等的衔接，推动商标品牌建设各支撑要素的协同发展。积极推进与产业、行业协会的合作，开展产业、行业商标品牌发展规划研究，结合行业发展特点引导行业商标品牌管理精细化。积极引导战略性新兴产业加强商标品牌培育和保护。推动中华老字号改革创新发展。

（十三）推进农业品牌化建设

坚持把提高质量效益作为主攻方向，向品牌经营要利润。加强对农民、农村经济组织和涉农企业的商标法律宣传，积极引导注册并依法规范使用农产品商标以及地理标志商标。适时开展地理标志资源调查工作，运用地理标志精准扶贫。及时总结推广“商标富农”工作经验，搭建交流平台，不断健全农业商标品牌建设工作机制，推动农业加快转变发展方式。大力推行“公司+商标品牌（地理标志）+农户”产业化经营模式，进一步提高农民进入市场的组织化程度。

（十四）提升制造业品牌建设水平

贯彻落实《中国制造2025》，按照大力发展先进制造业，改造提升传统产业，推动生产型制造向服务型制造转变的要求，加强自主品牌培育。健全集体商标、证明商标注册管理制度，推动产业集群品牌的注册和保护。研究制定产业集群品牌管理措施，打造一批特色鲜明、竞争力强、市场信誉好的产业集群区域品牌。推进制造业企业信用体系建设，建设中国制造信用数据库。

（十五）促进服务业品牌发展

在大力推进传统服务业以商标品牌为核心转型升级的基础上，以研发设计、信息、物流、商务、金融、会展、广告等现代服务业为重点，加强品牌建设，提升对生产的服务支撑能力。加快发展生活性服务业，推动服务业向高端发展。鼓励商业模式创新和业态创新，及时对新业态、新服务提供商标保护。

（十六）健全区域商标品牌培育制度

鼓励支持各地结合区域产业特色加强区域品牌培育，制定区域商标品牌发展规划。支持有条件的地区率先发展，开展商标品牌建设局（部）省战略合作。支持和指导地方建立科学有效的商标品牌工作评价体系。加快推动条件成熟的地区成立品牌指导站。推广品牌基地建设等成功经验，促进品牌经济与产业发展、区域发展深度融合，不断提高区域经济的综合竞争力。

六、大力开拓品牌发展国际空间

（十七）参与构建更加公平合理的商标领域国际规则体系

主动参与商标领域国际规则制定，提高我国商标领域的制度性话语权和影响力。积极参与多边双边自贸区商标领域规则谈判，为中国品牌“走出去”构建更加公平的国际营商环境。

（十八）加强商标品牌对外合作机制建设

加强与世界知识产权组织合作，开展“中国商标金奖”评选活动。深化同主要国家商标主管部门合作，积极参与商标五方会谈项目合作，进一步扩大与其他国家商标主管部门合作范围。探索建立“一带一路”沿线国家和地区商标案件协处机制，维护我国企业商标合法权益。推动国内行业协会、服务机构与国外相关组织合作交流，服务中国企业参与竞争。

（十九）支持企业运用商标品牌参与国际竞争

引导企业在实施“走出去”战略中“商标先行”，通过马德里商标国际注册等途径，加强商标海外布局规划，拓展商标海外布局渠道。稳步提升我国企业马德里商标国际注册数量。鼓励企业持自主商标品牌出口产品，加快培育以商标品牌为核心的国际竞争新优势。引导鼓励有条件的优势企业打造全球知名品牌，收购海外知名品牌，向全球价值链高端延伸。

（二十）助力企业提升商标品牌国际影响力

加大自主商标品牌海外宣传支持力度。鼓励企业持自主商标品牌参加中国国际商标品牌节和其他国际展会、博览会，拓展商标品牌国际营销渠道。支持企业创新“互联网+品牌”营销新模式，综合运用跨境电商、外贸综合服务平台等新兴业态，扩大中国品牌国际影响。

（二十一）健全企业商标海外维权协调机制

探索建立中国企业商标海外维权信息收集平台。进一步加大海外商标维权援助力度，利用多边双边会谈机制，适时提出诉求，协助企业解决海外商标注册与维权问题。指导企业建立商标海外侵权预警和应对制度，提升海外风险防控能力。提升中介机构商标海外维权法律服务水平。

国务院办公厅关于印发禁止洋垃圾入境推进固体废物进口管理制度改革实施方案的通知（摘录）

（国办发〔2017〕70号）

国务院办公厅 2017年7月18日

一、总体要求

（三）主要目标

严格固体废物进口管理，2017年年底前，全面禁止进口环境危害大、群众反映强烈的固体废物；2019年年底前，逐步停止进口国内资源可以替代的固体废物。通过持续加强对固体废物进口、运输、利用等各环节的监管，确保生态环境安全。保持打击洋垃圾走私高压态势，彻底堵住洋垃圾入境。强化资源节约集约利用，全面提升国内固体废物无害化、资源化利用水平，逐步补齐国内资源缺口，为建设美丽中国和全面建成小康社会提供有力保障。

二、完善堵住洋垃圾进口的监管制度

（四）禁止进口环境危害大、群众反映强烈的固体废物

2017年7月底前，调整进口固体废物管理目录；2017年年底前，禁止进口生活来源废塑料、未经分拣的废纸以及纺织废料、钒渣等品种。（环境保护部、商务部、国家发展改革委、海关总署、质检总局负责落实）

三、强化洋垃圾非法入境管控

（九）持续严厉打击洋垃圾走私

将打击洋垃圾走私作为海关工作的重中之重，严厉查处走私危险废物、医疗废物、电子废物、生活垃圾等违法行为。深入推进各类专项打私行动，加大海上和沿边非设关地打私工作力度，封堵洋垃圾偷运入境通道，严厉打击货运渠道藏匿、伪报、瞒报、倒证倒货等走私行为。对专项打私行动中发现的洋垃圾，坚决依法予以退运或销毁。（海关总署、公安部、中国海警局负责长期落实）联合开展强化监管严厉打击洋垃圾违法专项行动，重点打击走私、非法进口利用废塑料、废纸、生活垃圾、电子废物、废旧服装等固体废物的各类违法行为。（海关总署、环境保护部、质检总局、公安部负责落实，2017年11月底前完成）对废塑料进口及加工利用企业开展联合专项稽查，重点查处倒卖证件、倒卖货物、企业资质不符等问题。（海关总署、环境保护部、质检总局负责落实，2017年11月底前完成）

（十一）全面整治固体废物集散地

开展全国典型废塑料、废旧服装和电子废物等废物堆放处置利用集散地专项整治行动。贯彻落实《土壤污染防治行动计划》，督促各有关地方人民政府对电子废物、废轮胎、废塑料等再生利用活动进行清理整顿，整治情况列入中央环保督察重点内容。（环境保护部、国家发展改革委、工业和信息化部、商务部、工商总局、各有关地方人民政府负责落实，2017年年底前完成）

四、建立堵住洋垃圾入境长效机制

（十四）开拓新的再生资源渠道

推动贸易和加工模式转变，主动为国内企业“走出去”提供服务，指导相关企业遵守所在国的法律法规，爱护当地资源和环境，维护中国企业良好形象。（国家发展改革委、工业和信息化部、商务部负责长期落实）

五、提升国内固体废物回收利用水平

（十五）提高国内固体废物回收利用率

加快国内固体废物回收利用体系建设，建立健全生产者责任延伸制，推进城乡生活垃圾分类，提高国内固体废物的回收利用率，到2020年，将国内固体废物回收量由2015年的2.46亿吨提高到3.5亿吨。（国家发展改革委、工业和信息化部、商务部、住房城乡建设部负责落实）

中华人民共和国中小企业促进法（摘录）

（2017年9月1日 第十二届全国人民代表大会常务委员会第二十九次会议修订）

第一章 总 则

第二条 本法所称中小企业，是指在中华人民共和国境内依法设立的，人员规模、经营规模相对较小的企业，包括中型企业、小型企业和微型企业。

中型企业、小型企业和微型企业划分标准由国务院负责中小企业促进工作综合管理的部门会同国务院有关部门，根据企业从业人员、营业收入、资产总额等指标，结合行业特点制定，报国务院批准。

第三条 国家将促进中小企业发展作为长期发展战略，坚持各类企业权利平等、机会平等、规则平等，对中小企业特别是其中的小型微型企业实行积极扶持、加强引导、完善服务、依法规范、保障权益的方针，为中小企业创立和发展创造有利的环境。

第二章 财税支持

第八条 中央财政应当在本级预算中设立中小企业科目，安排中小企业发展专项资金。

县级以上地方各级人民政府应当根据实际情况，在本级财政预算中安排中小企业发展专项资金。

第九条 中小企业发展专项资金通过资助、购买服务、奖励等方式，重点用于支持中小企业公共服务体系和融资服务体系建设。

中小企业发展专项资金向小型微型企业倾斜，资金管理使用坚持公开、透明的原则，实行预算绩效管理。

第十条 国家设立中小企业发展基金。国家中小企业发展基金应当遵循政策性导向和市场化运作原则，主要用于引导和带动社会资金支持初创期中小企业，促进创业创新。

县级以上地方各级人民政府可以设立中小企业发展基金。

中小企业发展基金的设立和使用管理办法由国务院规定。

第十一条 国家实行有利于小型微型企业发展的税收政策，对符合条件的小型微型企业按照规定实行缓征、减征、免征企业所得税、增值税等措施，简化税收征管程序，减轻小型微型企业税收负担。

第十二条 国家对小型微型企业行政事业性收费实行减免等优惠政策，减轻小型微型企业负担。

第四章 创业扶持

第二十四条 县级以上人民政府及其有关部门应当通过政府网站、宣传资料等形式，为创业人员免费提供工商、财税、金融、环境保护、安全生产、劳动用工、社会保障等方面的法律政策咨询和公共信息服务。

第二十五条 高等学校毕业生、退役军人和失业人员、残疾人员等创办小型微型企业，按照国家规定享受税收优惠和收费减免。

第二十六条 国家采取措施支持社会资金参与投资中小企业。创业投资企业和个人投资者投资初创期科技创新企业的，按照国家规定享受税收优惠。

第二十七条 国家改善企业创业环境，优化审批流程，实现中小企业行政许可便捷，降低中小企业设立成本。

第二十八条 国家鼓励建设和创办小型微型企业创业基地、孵化基地，为小型微型企业提供生产经营场地和服务。

第二十九条 地方各级人民政府应当根据中小企业发展的需要，在城乡规划中安排必要的用地和设施，为中小企业获得生产经营场所提供便利。

国家支持利用闲置的商业用房、工业厂房、企业库房和物流设施等，为创业者提供低成本生产经营场所。

第三十条 国家鼓励互联网平台向中小企业开放技术、开发、营销、推广等资源，加强资源共享与合作，为中小企业创业提供服务。

第三十一条 国家简化中小企业注销登记程序，实现中小企业市场退出便利化。

第五章 创新支持

第三十二条 国家鼓励中小企业按照市场需求，推进技术、产品、管理模式、商业模式等创新。

中小企业的固定资产由于技术进步等原因，确需加速折旧的，可以依法缩短折旧年限或者采取加速折旧方法。

国家完善中小企业研究开发费用加计扣除政策，支持中小企业技术创新。

第三十三条 国家支持中小企业在研发设计、生产制造、运营管理等环节应用互联网、云计算、大数据、人工智能等现代技术手段，创新生产方式，提高生产经营效率。

第三十四条 国家鼓励中小企业参与产业关键共性技术研究开发和利用财政资金设立的科研项目实施。

国家推动军民融合深度发展，支持中小企业参与国防科研和生产活动。

国家支持中小企业及中小企业的有关行业组织参与标准的制定。

第三十五条 国家鼓励中小企业研究开发拥有自主知识产权的技术和产品，规范内部知识产权管理，提升保护和运用知识产权的能力；鼓励中小企业投保知识产权保险；减轻中小企业申请和维持知识产权的费用等负担。

第三十六条 县级以上人民政府有关部门应当在规划、用地、财政等方面提供支持，推动建立和发展各类创新服务机构。

国家鼓励各类创新服务机构为中小企业提供技术信息、研发设计与应用、质量标准、实验试验、检验检测、技术转让、技术培训等服务，促进科技成果转化，推动企业技术、产品升级。

第三十七条 县级以上人民政府有关部门应当拓宽渠道，采取补贴、培训等措施，引导高等学校毕业生到中小企业就业，帮助中小企业引进创新人才。

国家鼓励科研机构、高等学校和大型企业等创造条件向中小企业开放试验设施，开展技术研发与合作，帮助中小企业开发新产品，培养专业人才。

国家鼓励科研机构、高等学校支持本单位的科技人员以兼职、挂职、参与项目合作等形式到中小企业从事产学研合作和科技成果转化活动，并按照国家有关规定取得相应报酬。

中共中央 国务院关于开展质量提升行动的指导意见（摘录）

中共中央 国务院 2017年9月5日

一、总体要求

（二）基本原则

1. 坚持以质量第一为价值导向。牢固树立质量第一的强烈意识，坚持优质发展、以质取胜，更加注重以质量提升减轻经济下行和安全监管压力，真正形成各级党委和政府重视质量、企业追求质量、社会崇尚质量、人人关心质量的良好氛围。

2. 坚持以满足人民群众需求和增强国家综合实力为根本目的。把增进民生福祉、满足人民群众质量需求作为提高供给质量的出发点和落脚点，促进质量发展成果全民共享，增强人民群众的质量获得感。持续提高产品、工程、服务的质量水平、质量层次和品牌影响力，推动我国产业价值链从低端向中高端延伸，更深更广融入全球供给体系。

3. 坚持以企业为质量提升主体。加强全面质量管理，推广应用先进质量管理方法，提高全员全过程全方位质量控制水平。弘扬企业家精神和工匠精神，提高决策者、经营者、管理者、生产者质量意识和质量素养，打造质量标杆企业，加强品牌建设，推动企业质量管理水平和核心竞争力提高。

4. 坚持以改革创新为根本途径。深入实施创新驱动发展战略，发挥市场在资源配置中的决定性作用，积极引导推动各种创新要素向产品和服务的供给端集聚，提升质量创新能力，以新技术新业态改造提升产业质量和发展水平。推动创新群体从以科技人员的小众为主向小众与大众创新创业互动转变，推动技术创新、标准研制和产业化协调发展，用先进标准引领产品、工程和服务质量提升。

（三）主要目标

到2020年，供给质量明显改善，供给体系更有效率，建设质量强国取得明显成效，质量总体水平显著提升，质量对提高全要素生产率和促进经济发展的贡献进一步增强，更好满足人民群众不断升级的消费需求。

1. 产品、工程和服务质量明显提升。质量突出问题得到有效治理，智能化、消费友好的中高端产品供给大幅增加，高附加值和优质服务供给比重进一步提升，中国制造、中国建造、中国服务、中国品牌国际竞争力显著增强。

2. 产业发展质量稳步提高。企业质量管理水平大幅提升，传统优势产业实现价值链升级，战略性新兴产业的质量效益特征更加明显，服务业提质增效进一步加快，以技术、技能、知识等为要素的质量竞争型产业规模显著扩大，形成一批质量效益一流的世界级产业集群。

3. 区域质量水平整体跃升。区域主体功能定位和产业布局更加合理，区域特色资源、环境容量和产业基础等资源优势充分利用，产业梯度转移和质量升级同步推进，区域经济呈现互联互通和差异化发展格局，涌现出一批特色小镇和区域质量品牌。

二、全面提升产品、工程和服务质量

（五）促进消费品提质升级

加快消费品标准和质量提升，推动消费品工业增品种、提品质、创品牌，支撑民众消费升级需求。推动企业发展个性定制、规模定制、高端定制，推动产品供给向“产品 + 服务”转变、向中高端迈进。推动家用电器高端化、绿色化、智能化发展，改善空气净化器等新兴家电产品的功能和消费体验，优化电饭锅等小家电产品的外观和功能设计。强化智能手机、可穿戴设备、新型视听产品的信息安全、隐私保护，提高关键元器件制造能力。巩固纺织服装鞋帽、皮革箱包等传统产业的优势地位。培育壮大民族日化产业。提高儿童用品安全性、趣味性，加大“银发经济”群体和失能群体产品供给。大力发展民族传统文化产品，推动文教体育休闲用品多样化发展。

（十一）加快对外贸易优化升级

加快外贸发展方式转变，培育以技术、标准、品牌、质量、服务为核心的对外经济新优势。鼓励高技术含量和高附加值项目维修、咨询、检验检测等服务出口，促进服务贸易与货物贸易紧密结合、联动发展。推动出口商品质量安全示范区建设。完善进出口商品质量安全风险预警和快速反应监管体系。促进“一带一路”沿线国家和地区、主要贸易国家和地区质量国际合作。

三、破除质量提升瓶颈

（十三）加快标准提档升级

改革标准供给体系，推动消费品标准由生产型向消费型、服务型转变，加快培育发展团体标准。推动军民标准通用化建设，建立标准化军民融合长效机制。推进地方标准化综合改革。开展重点行业国内外标准比对，加快转化先进适用的国际标准，提升国内外标准一致性程度，推动我国优势、特色技术标准成为国际标准。建立健全技术、专利、标准协同机制，开展对标达标活动，鼓励、引领企业主动制定和实施先进标准。全面实施企业标准自我声明公开和监督制度，实施企业标准领跑者制度。大力推进内外销产品“同线同标同质”工程，逐步消除国内外市场产品质量差距。

（十七）着力打造中国品牌

培育壮大民族企业和知名品牌，引导企业提升产品和服务附加值，形成自己独有的比较优势。以产业集聚区、国家自主创新示范区、高新技术产业园区、国家新型工业化产业示范基地等为重点，开展区域品牌培育，创建质量提升示范区、知名品牌示范区。实施中国精品培育工程，加强对中华老字号、地理标志等品牌培育和保护，培育更多百年老店和民族品牌。建立和完善品牌建设、培育标准体系和评价体系，开展中国品牌价值评价活动，推动品牌评价国际标准化工作。开展“中国品牌日”活动，不断凝聚社会共识、营造良好氛围、搭建交流平台，提升中国品牌的知名度和美誉度。

中共中央 国务院关于营造企业家健康成长环境弘扬优秀企业家精神更好发挥企业家作用的意见（摘录）

中共中央 国务院 2017年9月8日

六、弘扬企业家创新发展专注品质追求卓越的精神

15. 支持企业家创新发展。激发企业家创新活力和创造潜能，依法保护企业家拓展创新空间，持续推进产品创新、技术创新、商业模式创新、管理创新、制度创新，将创新创业作为终身追求，增强创新自信。提升企业家科学素养，发挥企业家在推动科技成果转化中的重要作用。吸收更多企业家参与科技创新政策、规划、计划、标准制定和立项评估等工作，向企业开放专利信息资源和科研基地。引导金融机构为企业家创新创业提供资金支持，探索建立创业保险、担保和风险分担制度。

16. 引导企业家弘扬工匠精神。建立健全质量激励制度，强化企业家“以质取胜”的战略意识，鼓励企业家专注专长领域，加强企业质量管理，立志于“百年老店”持久经营与传承，把产品和服务做精做细，以工匠精神保证质量、效用和信誉。深入开展质量提升行动。着力培养技术精湛技艺高超的高技术人才，推广具有核心竞争力的企业品牌，扶持具有优秀品牌的骨干企业做强做优，树立具有一流质量标准和品牌价值的样板企业。激发和保护老字号企业企业家改革创新发展意识，发挥老字号的榜样作用。

17. 支持企业家追求卓越。弘扬敢闯敢试、敢为天下先、敢于承担风险的精神，支持企业家敏锐捕捉市场机遇，不断开拓进取、拼搏奋进，争创一流企业、一流管理、一流产品、一流服务和一流企业文化，提供人无我有、人有我优、人优我特、人特我新的具有竞争力的产品和服务，在市场竞争中勇立潮头、脱颖而出，培育发展壮大更多具有国际影响力的领军企业。

国务院关于完善进出口商品质量安全风险预警和快速反应监管体系切实保护消费者权益的意见（摘录）

（国发〔2017〕43号）

国务院 2017年9月14日

二、工作任务

（四）快速实施质量安全风险处置

13. 强化质量信用激励惩戒。加快质量诚信体系建设，将企业质量安全责任落实情况及风险削减义务履行情况纳入质量信用管理，推动将质量信用信息归集到全国信用信息共享平台。按照“守信激励、失信惩戒”的原则，持续推进质量

失信联合惩戒，充分发挥信用信息对市场主体的激励和约束作用。（国家发展改革委、商务部、人民银行、海关总署、税务总局、工商总局、质检总局、食品药品监管总局、国家外汇局按职责分工负责）

14. 强化质量安全违法行为惩治。引导媒体和公众参与监督，鼓励同业监督、奖励业内举报。建立质量安全违法“黑名单”，加大曝光力度，强化联合惩戒，建立严重违法企业强制退出制度，依法从严惩处相关企业和责任人。充分发挥行业自律作用，树立质量安全示范标杆，发挥示范引领作用。建设专业执法稽查队伍。（质检总局负责）

充分发挥全国打击侵权假冒工作领导小组作用，推进执法监管、行业管理、刑事司法之间的有效衔接，健全跨国境的打假执法协作和海外维权援助机制。对假冒伪劣行为高发领域和区域，坚持线上线下治理相结合，完善专项整治和随机抽查监管机制。（全国打击侵权假冒工作领导小组办公室牵头，最高人民法院、最高人民检察院、工业和信息化部、公安部、农业部、商务部、海关总署、工商总局、质检总局、食品药品监管总局、国家知识产权局按职责分工负责）

国务院办公厅关于积极推进供应链创新与应用的指导意见（摘录）

（国办发〔2017〕84号）

国务院办公厅　2017年10月5日

三、重点任务

（二）促进制造协同化、服务化、智能化

1.推进供应链协同制造。推动制造企业应用精益供应链等管理技术，完善从研发设计、生产制造到售后服务的全链条供应链体系。推动供应链上下游企业实现协同采购、协同制造、协同物流，促进大中小企业专业化分工协作，快速响应客户需求，缩短生产周期和新品上市时间，降低生产经营和交易成本。（工业和信息化部、国家发展改革委、科技部、商务部等负责）

2.发展服务型制造。建设一批服务型制造公共服务平台，发展基于供应链的生产性服务业。鼓励相关企业向供应链上游拓展协同研发、众包设计、解决方案等专业服务，向供应链下游延伸远程诊断、维护检修、仓储物流、技术培训、融资租赁、消费信贷等增值服务，推动制造供应链向产业服务供应链转型，提升制造产业价值链。（工业和信息化部、国家发展改革委、科技部、商务部、人民银行、银监会等负责）

四、保障措施

（一）营造良好的供应链创新与应用政策环境

鼓励构建以企业为主导、产学研用合作的供应链创新网络，建设跨界交叉领域的创新服务平台，提供技术研发、品牌培育、市场开拓、标准化服务、检验检测认证等服务。鼓励社会资本设立供应链创新产业投资基金，统筹结合现有资金、基金渠道，为企业开展供应链创新与应用提供融资支持。（科技部、工业和信息化部、财政部、商务部、人民银行、质检总局等按职责分工负责）